中国幼儿体育教育体系构建

The Construction of
China's Early Childhood Physical Education System

杨帆 ○ 著

中国社会科学出版社

图书在版编目(CIP)数据

中国幼儿体育教育体系构建 / 杨帆著 . —北京：中国社会科学出版社，2024.9
ISBN 978 – 7 – 5227 – 3345 – 6

Ⅰ.①中… Ⅱ.①杨… Ⅲ.①体育教育—教学研究—学前教育 Ⅳ.①G613.7

中国国家版本馆 CIP 数据核字(2024)第 066174 号

出 版 人	赵剑英
责任编辑	赵　丽
责任校对	朱妍洁
责任印制	张雪娇

出　　版	中国社会科学出版社
社　　址	北京鼓楼西大街甲 158 号
邮　　编	100720
网　　址	http://www.csspw.cn
发 行 部	010 – 84083685
门 市 部	010 – 84029450
经　　销	新华书店及其他书店

印刷装订	北京君升印刷有限公司
版　　次	2024 年 9 月第 1 版
印　　次	2024 年 9 月第 1 次印刷

开　　本	710×1000　1/16
印　　张	12.5
字　　数	157 千字
定　　价	78.00 元

凡购买中国社会科学出版社图书，如有质量问题请与本社营销中心联系调换
电话：010 – 84083683
版权所有　侵权必究

前　言

幼儿体质健康及幼儿体育已被列为强国战略的主要内容之一，这意味着国家宏观战略对幼儿体育发展提出了更高要求。《全民健身计划（2016—2020 年）》《体育强国建设纲要》《"健康中国 2030"规划纲要》等国务院及各部委出台的相关文件，对幼儿体育、幼儿体质健康提出了明确要求。幼儿体质健康一直以来是国家、社会、校园、家长关注的热点问题。目前，中国幼儿体育、体质健康学术研究领域，主要围绕体质健康测评和宏观政策两个研究点进行研究。必须认识到，与小、中、大学相比，幼儿园教育阶段目前没有相对规范和成熟的体育教育体系，没有权威的体育教育教材，没有明确的体育教学目标，仍然处于散兵游勇状态，这对于幼儿体育教育科学发展和实践极为不利，是当下亟待解决的教育问题和社会问题。目前，幼儿园教师在体育教学中唯一可参考的幼儿运动权威资料即教育部颁发的《3—6 岁儿童学习与发展指南》。关于体育与健康方面，指南描述了幼儿需要发展的相关能力，但通过何种途径发展，以及发展的方法、手段、原则、误区等实践操作过程中高度依赖的相关要素并未提及。教师与家长在幼儿体质健康、体育教学、课余锻炼中仍无规律可循，无方法可依。

随着社会经济、科技水平的发展，电子产品得到了前所未有的普及、人们的出行方式发生了本质性的变化、幼儿看护也由父辈看护向祖辈看护转变，但在重文轻武、重智轻体的固化思维作用下，幼儿体质健康问题不减反增，体质健康水平不升反降。3—6岁幼儿的肥胖率、视力不良检出率随着年龄增长逐渐增加[①]，"十三五"期间中国幼儿超重和肥胖的发生率分别为11.26%和8.12%[②]。幼儿动作发展不协调比例高达42%，更有67.3%的幼儿不能很好地掌握各类运动技能[③]。对部分一二线城市的研究结果表明，儿童青少年异常体态检出率高达47.91%—89.29%。中国幼儿体质健康形势严峻的背后，反映出该领域理论与实践发展中的诸多问题。中国学前教育专业的培养目标、培养计划、课程设置中体育的权重过低，导致幼儿教师体育学习的深度与广度无法支撑高质量的体育教学。研究表明，中国幼儿教师在体育教学中普遍缺乏针对性、专业性和科学性[④]。2022年，教育部再次印发了《体育与健康课程标准》，仍然只涵盖义务教育体育教学课程，幼儿体育教学仍然处于无标准体系、无教学大纲、无评价标准的"三无状态"。幼儿生活方式的改变对其运动时间与空间的持续压缩，幼儿教师培养过程中的体育因素缺失，幼儿体育教学的"三无状态"，加之幼儿体育培训市场准入门槛低、教学质量堪忧，以上因素叠加导致了中国幼儿体质健康发展的内外交困局面。

改变学前教育中的体育因素之权重，构建完整的幼儿体育教育体系需要较长的周期逐步实现，当务之急是解决幼儿教师体育教学

[①] 刘秀萍、王春花等：《天津市宝坻区3—6岁幼儿健康状况分析》，《中国学校卫生》2018年第5期。

[②] 《中国30万名幼儿体质健康数据报告》，2018年4月16日，搜狐网（https://www.sohu.com/a/228450997_512995）。

[③] 罗昆山：《令人堪忧的中国幼儿体质健康状况：国内首次幼儿体质健康检测数据分析（之一）》，2018年4月17日，新浪微博（http://blog.sina.com.cn/s/blog_88855aee0102x70n.html）。

[④] 龚海培、柳鸣毅等：《体育强国背景下我国幼儿体育发展体系研究》，《体育文化导刊》2020年第9期。

中遇到的、困惑的核心问题。不同年龄幼儿的体育教学目标是什么？幼儿核心身体能力发展的底层逻辑是什么？幼儿教学评价的标准与存在的问题是什么？如何结合当前幼儿普遍存在的体质健康问题进行教学设计？如何将基本的运动生理学、运动解剖学、运动生物力学等运动生物学知识整合，并应用于幼儿体育教学之中？如何帮助幼儿在义务教育前实现高效的专项技术学习条件及学习基础的构建和储备？如何进行幼儿体育教学中娱乐性和功能性的矛盾抉择，实现矛盾化解？目前的理论未能很好地解决以上问题。然而，正是这些微观的、具体的现实问题制约着幼儿体育教学的有效性和科学性。幼儿体质健康发展迫切需要对以上问题进行分析、论证、阐述，并在此基础上形成具有理论依据，且经得起实践检验的幼儿体育教学体系。在本书构建的微观体系中，从现状到具体策略，从存在的问题到解决问题的方法，从目标到实现目标的逻辑、路径，从体育教育及运动表现之手段功能到手段内涵，均进行了全面深入的解读、剖析和阐述，弥补了当前幼儿体育领域教学与锻炼无具体科学性和指导性资料的空白。从零到一的过程必定艰难，但意义重大。有了幼儿体育教学课程体系的雏形，幼儿教师的教学过程就有了依据和标准，就有了实现后续改进、发展的要素和空间，幼儿体育教学就具备了可持续发展的基本条件。

当前体育教学中普遍追求体育的延伸价值，在体育教学中，精神层面、心理层面、情感层面的追求毫无疑问是正确的，也是体育之价值所在。但目前的体育教学中，体育本质功能、基础功能、核心功能，即体质健康、运动技能、运动表现的提升、掌握和促进，其作用未能得到应有的发挥。因此，本课程体系将本着抓住主要问题、解决主要矛盾的理念，以幼儿身体为核心，全面围绕幼儿当前和未来的身体发展构建幼儿阶段体育教育体系，在此基础上适度兼顾体育教育的拓展功能。

本书以宏观政策为指引，聚焦于幼儿体质健康问题及其成因，着眼于幼儿体育教学全过程，致力于构建幼儿阶段体育教育体系，用更具体、更微观和更具操作性的体系化内容解决长期以来困扰学前教育领域和幼儿教师的核心问题。教学体系的构建是庞大的系统工程，涉及的专业领域众多、需要的学科知识庞杂。虽然已经进行了相对充分的研究、论证，并进行了多年的实践探索与总结，但笔者自以为认知水平有限，必然存在偏差与不足之处，欢迎各领域专家、读者批评扶正。

目 录

第一章　幼儿体育教育体系要素 …………………………………（1）
　　第一节　幼儿体育教学体系构建的性质 ………………………（1）
　　第二节　幼儿体育教学体系构建的理念 ………………………（4）
　　第三节　幼儿体育教育体系的设计考量与主体任务 …………（13）
　　第四节　幼儿体育教学课程目标体系 …………………………（28）

第二章　幼儿体育课程的准备部分与基本部分设计 ……………（32）
　　第一节　幼儿体育课程的准备部分设计 ………………………（32）
　　第二节　幼儿体育教学基本部分的设计 ………………………（41）

第三章　幼儿体育教学中身体能力的构建 ………………………（50）
　　第一节　幼儿平衡能力构建 ……………………………………（50）
　　第二节　幼儿爆发力构建 ………………………………………（65）
　　第三节　幼儿关节活动度发展 …………………………………（78）
　　第四节　幼儿速度能力发展 ……………………………………（89）
　　第五节　幼儿力量与控制能力发展 ……………………………（100）

第四章　幼儿体质健康测试项目解析与教学实操 ………………（123）
　　第一节　投掷网球（网球掷远） ………………………………（123）

第二节　立定跳远……………………………………（132）
第三节　双脚连续跳…………………………………（139）
第四节　10米折返跑…………………………………（143）
第五节　坐位体前屈…………………………………（149）
第六节　走平衡木……………………………………（153）

第五章　幼儿功能性游戏的开发、设计与应用 ……………（159）
第一节　中国幼儿体育游戏理论研究与实践现状 ………（159）
第二节　幼儿功能性游戏的"功能性"解读…………（161）
第三节　幼儿功能性游戏设计的基本原则 …………（163）
第四节　幼儿功能性游戏的设计因子 ………………（171）
第五节　幼儿功能性游戏组织的若干要素 …………（175）
第六节　功能性体育游戏的教学文件 ………………（178）
第七节　幼儿功能性游戏案例详解 …………………（180）

第一章　幼儿体育教育体系要素

第一节　幼儿体育教学体系构建的性质

一　实用性

实用性的要素：针对幼儿体育教学过程，实用性的核心即有明确的教学目标，以及幼儿园教师现有体育认知水平和实践操作能力范畴内的可操作性及操作质量保障，最终实现幼儿体育教学过程质量的全面提升。因此，幼儿体育教育体系构建的实用性必须体现在幼儿教师对体系内容信息的接受率和接收效果中。

实用性提出的背景：由于当前体育教学标准比较抽象，体育教学效果无法量化，体育教学过程评价表面化（过度重视组织、音乐、整齐度等因素，忽略了与体育教学本质相关的生理学、解剖学、生物力学结合幼儿生理、心理特点的内涵剖析与应用），体育教学实施、操作表演化等主要问题。

当前，针对幼儿体育教育宏观层面的理论性指导较多，对幼儿体质健康发展与体育教育过程大方向的正确把控具有重要意义。具象化地观察幼儿体育教育，会发现直接影响教学质量的主要因素是缺乏具体的、体系化的理论与实践参考。本体系的实用性也表现为教师能理解、能操作、能评价的，幼儿能掌握、能进步、能发展的。例如，体系中的体育游戏部分，其中的游戏因子为教师的游戏设计提供了大量的"动作源",教师在理解发展不同身体能力目标下掌握游戏动作因子规律后,可发展出更多的游戏动作因子,并在游戏实践中不断提升游戏设计的认知水平和操作水平。这不仅提升了幼儿体育游戏的功能性,同时实现了授人以渔的效果,在学习、应用、研创过程中教师的体育教学综合能力将得到持续发展。

二 知识性

幼儿体育教育体系的缺失,导致了幼儿体育教育过程仍然处于"经验教育"阶段,虽不乏成功经验,但始终未能将好的经验上升至理性认识层面,未能形成体系化的体育教育理论。因此,幼儿体育教育体系的构建必须具备知识性特征,且必须为每个观点找到理论依据与实践依据。只有具备知识性才有可能具备科学性,而科学性又是幼儿体育教育体系不断更新发展的基本条件。

知识性主要体现在以下三个维度。其一,幼儿通过身体活动获取技能知识,通过教师讲解获得健康知识,通过游戏、练习获取经验性知识(通过长期身体反馈获取的过程性总结与发展性规律认知)。其二,教师通过课程体系中针对不同教学因素点所拓展的功能,以及幼儿教学中体育领域多学科理论知识的学习与应用,有效提升体育认知水平。课程体系注重教师的基础理论学习,以及在实践中不断应用、探索、总结的过程。在该过程的闭环中,不断提升幼儿体育教学质量,实现幼儿体质健康与运动表现干预的科学性和有效性。该过程与体育专业或学前教育专业体育类的学习过程不同,是在实践中进行学科理论的充实。这种理论是非碎片化的,是基于体育教学实践整合背景下的理论充实,能够更有效地实现知行合一。其三,针对幼儿家长。幼儿家长握有幼儿课余运动的指挥棒,是幼儿课余运动参与的引领者和指导者。引领者是指家长根据幼儿现阶段存在的问题有针对性地选择课余运动。指导者是指部分家长在幼儿课余运动中扮演教师或教练员角色对幼儿进行指导。不论是在引领者角色中对课余运动进行甄别、选择并适时做出动态变化，还是基于指导者角色在运动中给予幼儿的纠正、辅助，都需要一定的专业知识。因此，在教学体系的研发与设计中，知识性将作为核心要素贯穿体系的不同维度、不同分支，以"正确应用"和"规避误区"为出发点，以弥补当前幼儿体育教学体系中知识性结构与内容缺失的弊端。

三　前沿性

因为竞技体育追求的是高、精、尖，所以体育科学极为普遍地应用于竞技体育中。相比竞技体育，学校体育教育中体育科学的渗透明显不足，这是一种长期存在的认知误区，一切体育与运动行为的有效性都不能脱离体育科学，尤其是运动生物学。与学校体育领域的义务教育阶段相比，学前教育中基于体育科学的体育教育理论与实践更是极度匮乏。科学性是前沿性的基本前提，而前沿性决定了体系构建的相对有效性。

虽然教育以及其中的体育教育领域一直在高速发展，但遗憾的是，中国针对幼儿的体育教育、体质健康与运动表现理论发展相对迟缓。当前，功能性动作、基本动作模式、运动能力及潜在风险的筛查技术应用已经逐渐成熟，在中国的体育教育领域却鲜有应用，在幼儿体育教学和校外运动指导中，仍然存在诸多误区。在体系构建中，将有科学依据、在实践中取得较好效果、教师能够通过学习高效实施的评估与技能融入幼儿体育教学中，对有效提升幼儿体育教学的理论与实践层次和教学效果具有重要价值。

第二节　幼儿体育教学体系构建的理念

一　基于幼儿健康现状、需求进行创新与拓展

（一）对体育游戏概念的再认识

首先，体育游戏必须充分考量幼儿的兴趣因素，但不能仅仅依附于幼儿的兴趣。截至目前，中国体育游戏的设计过程中虽然都强调了以幼儿的参与兴趣为核心，遗憾的是，没有针对游戏中幼儿是否产生兴趣，幼儿兴趣表现的程度，以及幼儿对何种游戏兴趣更为浓厚的相关研究，也鲜有教师或研究者对幼儿参与游戏"兴趣"因素进行系统评价，更多的"幼儿兴趣"是游戏的设计者与游戏的操作者——幼儿教师的主观感受。设计游戏者一方面反复强调构建兴趣、培养兴趣，另一方面又不能站在游戏参与者的视角分析和理解兴趣，形成了幼儿体育游戏设计、实施重要的内在矛盾。其次，对体育游戏概念认识的偏差，是导致实践中体育游戏未能高效实现幼儿身体教育功能的另一重要原因。《中国学前教育百科全书·教育理论卷》对体育游戏概念做了如下界定：体育游戏即活动性游戏，是以身体练习为主要内容，以游戏活动为形式，以发展幼儿身心为目的的活动，是规则游戏的一种[1]。以上的概念阐释已经非常明确地表达出，何为内容，何为形式。既然"身体练习"是幼儿体育游戏的内容，那么体育游戏就必然涉及练什么、如何练和为什么这样练等一系列体育科学领域问题。目前，中国幼儿体育游戏设计普遍依托设计者的主观感受，鲜有以体育科学为依据的设计，更有甚者将游戏的形式与内容倒置。

（二）体育游戏中"身体教育"与"兴趣"矛盾统一体的再认识

游戏是幼儿体育课程学习的载体。在幼儿体育教学、课余体育

---

[1] 卢乐山、林崇德等主编：《中国学前教育百科全书·教育理论卷》，沈阳出版社1994年版，第106页。

活动中，过度强调游戏中的趣味性，会削弱体育教学的功能性和知识性，基于此种教学理念的幼儿体育教学，无法解决中国幼儿普遍存在的体质健康问题，无法构建义务教育阶段体育学习需要的身体能力基础。人们必须认识到，功能性才是幼儿体育教学的核心与本质。在幼儿体育教学中，为了实现课程功能与目标，可以增加练习手段的趣味性，或将多种练习功能综合于一个游戏载体中，手段效能在趣味性和积极性充分调动的条件下，其功能将进一步得到强化，进而高效实现教学目标。为了营造课堂氛围而游戏，甚至单纯地为了"游戏"而游戏的幼儿体育教学理念亟待改变。

幼儿体育教学必须形成一个开放的功能性生态系统。需要认识到，一种形式、目标或功能的强调，有可能导致另一种形式、目标或功能的弱化。例如，在体育活动中强调游戏趣味带来的参与性、积极性，会从另一个角度弱化相对枯燥的动作模式学习以及竞争性因素，不能寄希望于将所有体育功能施加于某种形式或专门强调某种形态的幼儿体育活动中。但是，目前幼儿体育教学中，游戏性质的活动占有绝对比重，这削弱了幼儿体育教学多元功能价值的输出，不利于幼儿体育教学体系化基础上的功能多元化。首先，对体育教学活动中"游戏"功能、价值认识的偏差，是导致幼儿园甚至小学阶段体育教学质量、学生体质健康问题的重要因素之一。其次，并不赞成幼儿教师在学习具体的游戏操作过程，例如学习游戏的名称、器材、组织方式等游戏要素后，照猫画虎地进行游戏操作，而是要通过幼儿体育教育中的游戏体系构建逻辑认知，让幼儿教师能够理解游戏设计的功能、内涵和规律，并逐渐具备根据不同的幼儿身体发展目标优化游戏，甚至独立进行游戏设计的能力。以上因素为幼儿教师体育教学综合能力的发展创造了可能性。

"身体教育"与"兴趣"的矛盾至今未能很好化解的原因是：长期以来未能形成该层面的理论与实践研究积累，或者说该层面的研究还未形成雏形。客观、量化地对以上游戏因素进行研究，才有可能找到化解矛盾的途径和具体措施。有两种情形对幼儿体育游戏的发展是极为不利的。其一，没有看到体育游戏中"身体教育"和"兴趣"之间的矛盾因素；其二，探查到"身体教育"和"兴趣"之间存在矛盾因素，但是牺牲"身体教育"并进一步强化"兴趣"。在游戏的设计和实施过程中，"兴趣"的构建可以依靠经验或主观感受，而"身体教育"的实现则必须依靠具体的、系统的知识。然而，中国的幼儿体育游戏实践中，天平往往偏向了前者。

二 构建"深入评价"等一系列与时俱进的幼儿体育教学思维导向

在体育教学的评价方面，未能清晰地给予体育课程不同目标应有的权重是普遍存在的问题。部分理论研究者认为，中国体育教育的核心问题是过于重视运动技能习得与运动健康知识的传授，对学生的情感引导、心理能力构建、价值观等非智力因素关注不足。另外，从多年的多项研究结论看，即便是重视运动技能与知识传授，目前仍然无法实现基本的学生运动技能学习目标。学界众多学者提出，大多数学生上了12年，甚至14年的体育课，却未能掌握一项运动技能。体育教育核心目标、本质目标没有实现，在此基础上追求情感、意志等体育拓展功能是否恰当，值得深思。而该评价导向不仅存在于处于运动技能学习时期的义务教育阶段，甚至已经蔓延至学前体育教育领域。评价体育教学时，在忽略身体教育效果的条件下强调精神层面教育，是否能改变越发严重的幼儿体质健康问题，值得深思。

研究指出，中国幼儿体育教学缺乏既完整又统一的参考教材和指导纲要，幼儿教师的体育教学没有统一的教学目标和教学计划，体育活动缺乏科学化、标准化、目的化。在幼儿体质健康评价方面，同样也缺少一套衡量标准①。任何领域评价的核心都是目标达成情况，没有目标就意味着难以对过程进行评价。学前教育的教学目标并不是具体的量化指标，指标的量化会使学前教育弥漫过多的应试色彩。但发展目标是必须构建的，只有明确了发展目标，才有可能通过幼儿各方面身体能力的发展情况对教学有效性进行评价。

在教师评价方面，在中国的各学龄段体育教学及其评价中，尚未建立效果量化机制，以及依托效果量化的评价机制。这意味着评价结果几乎完全受到评价者个人经历、经验、认知的影响。所以，经常能够看到同一节体育教学课，不同的专家给出的评价大相径庭。当前中国幼儿体育教育发展的科学化、规范化问题凸显②。除以往研究中探讨的课标缺失、师资培养等因素外，体育教学过程评价导向的偏差所导致的幼儿体育教学问题也不能忽略。

在体育教学中，长期存在评价指标抽象化、评价内容表面化的问题。教学评价之导向在很大程度上引领着教师的教学追求和教学发展方向，即教学价值观。教学评价应该指向教师多年积淀的知识、认知、分析能力、动作与语言表达，更应指向教师教学设计的运动生物学基础与底层逻辑，以及基于体育科学的创造性。一个动作的设计内涵、一个手段改进的多维功能实现、一个针对幼儿某一体质健康问题研创的系列方法，都可以体现出教师深厚的理论功底、学习能力，问题的分析能力、解决能力，以及实践探索能力。好听的音乐、好看的队形固然重要，但在评价课程和评价教师时，对其权重应客观理性看待。在对幼儿教师的体育教学评价中，深入的内涵评价要求评价者具有扎实的体育理论功底、丰富的体育教学经验，

---

① 李建涛：《"健康中国"背景下幼儿体育发展需求的探讨》，《青少年体育》2019 年第 7 期。
② 王凯珍、王晓云等：《当前我国幼儿体育的热点现象、问题与建议》，《北京体育大学学报》2020 年第 5 期。

以及解决幼儿体质健康问题的实战积累。评价者如果不具备深入评价和内涵评价的能力，评价的导向就必然会出现问题，评价导向的偏差会直接导致幼儿教师体育教学的价值观问题。

体育教学评价，不论任何学龄阶段，都必须有体育学科背景的专家参与，并基于幼儿身体发展目标、教学方法与手段功能、组织实效等体育教学要素进行深入、客观评价。这是幼儿教师学习体育科学和应用体育科学，避免形式大于内容的基本保障。

在本教学体系的构建中，通过挖掘幼儿体育教学逻辑及手段的内涵，着重体现重细节、重品质、重原理、重功能的基本理念。教学体系的构建，明确了不同年龄幼儿体育教学的目标与功能，以此为依据的体育教学评价，可以有效规避评价导向的偏差。

三 以解决现实问题，夯实未来基础为核心目标

据华东师范大学"青少年健康评价与运动干预"教育部重点实验室于2017年发布的"中日儿童青少年体质健康比较研究结果公报"，中国儿童青少年在体格指标（身高、体重、BMI）比较中均高于日本，但在体能（身体素质）指标中几乎全方面落后于日本儿童青少年[①]。儿童和青少年是祖国的未来，是民族的希望，在体质健康与运动能力方面，不论是纵向比较下的逐渐弱化，还是横向比较中的全面落后，都对当前的体育教育提出了严峻的考验。不同学龄阶段体育教育需要解决的核心问题和现实问题到底是什么，不言而喻。

（一）幼儿的体质健康问题

健康是成才的基础，也是成才的必要条件，幼儿阶段的健康则是未来健康的基础。毫无疑问，幼儿阶段体育教育的首要任务是改

---

① 梁璇：《中日青少年体质健康数字"差"的背后》，2017年6月26日，人民网（http://edu.people.com.cn/n1/2017/0626/c1006-29361258.html）。

善、提升幼儿体质健康水平。先解决体质健康问题，再构建未来运动技术学习基础，并结合幼儿身心发展的特殊性融入趣味因素，强化参与动机是所有幼儿体育教学体系构建的基本原则和基本理念，体现了幼儿体育教学的基本逻辑。现有幼儿体育教学指导理论中，其目标多为体育拓展型目标，包括意识、知识、技能等。研究表明，中国青少年运动技能掌握情况并不理想，幼儿体态问题突出。这两者存在千丝万缕的关系。身体素质、机能与运动技能发展都需要建立在健康的基础之上。当前幼儿呼吸功能障碍、动作功能障碍、脊柱侧弯、骨盆前倾，以及膝、踝关节力线排列不良等体态问题频发。只有解决基本体质健康问题，才能进一步发展体质健康水平。这个基本逻辑在各年龄段体育教学中被长期、普遍性忽视。

集中精力解决核心问题，待核心问题得以解决后，逐步强化体育教育在"身体教育"以外的拓展性功能是最优选择，也是目前唯一可行的策略。基于以上阐述，本体育教育体系构建的目标极为明确，以解决当下幼儿体质健康问题为第一要义。因此，本体育教育体系构建具有时代性和前沿性，但不一定具有前瞻性，因为构建过程是用前沿性的理论解决长期以来积累的遗留性问题。作为其构建者，更希望这套针对幼儿的体育体系更早、更快被新的使命所迭代，这说明学前体育教育的核心问题已经不再是体质健康，而是在此基础上广度和深度进一步拓展后的其他教学目标，标志着中国幼儿体质健康问题得到了根本性的改善。当然，该体系构建中仍有诸多思维、理念和方法可以被迁移、改进和发展，以符合新的时代特征。

（二）幼儿运动技能学习基础要素的储备问题

1. 短效运动兴趣与长效运动兴趣

国外学者对481名幼儿受试者进行了针对动作能力以及体育活动参与度长达6年的跟踪调查，结果表明：动作能力强的幼儿由于在运动技能学习中具有明显的优势，更好的技能学习体验和运动表现使得这部分幼儿能够更为积极地参与运动。而动作发展出现障碍的幼儿在运动技能学习中面临着更多的挫败感，最终导致运动技能掌握不佳，进而影响运动参与度。而运动参与度的降低会进一步抑制运动技能从泛化到自动化的过程[1]。说明在幼儿阶段的体育教育过程中，游戏的趣味性是必要的，但其效益是短暂的，更为长久的运动兴趣依靠的是更好的技能学习体验及最终对运动技能的掌握程度。而技能学习的体验和掌握程度高度依赖体质健康发展水平，以及基本动作模式和基本运动技能（非专项运动技能）。

学生没有时间参与运动，或有时间没有意愿参与运动是导致每天运动时间和运动负荷不足的重要因素。没有时间是运动参与限制的被动因素，只有通过行政手段才能实现有效干预。而有时间没有意愿参与运动是主动因素，这与体育教学中学生未能掌握运动技能密切相关。运动兴趣的形成必须建立在掌握基本正确的运动技术模式之上，尤其是主流球类项目，义务教育阶段的体育教学体系中，几乎全部涵盖了这些项目，其特点是双人或多人完成，如果没有一定的技术水平支撑，大部分时间都在"捡球"中度过，学生难以产生兴趣。从以上视角看，运动技能是运动兴趣的基础，运动兴趣是学生在有时间的条件下，有意愿参与体育活动的基础[2]。遗憾的是，在当前以"兴趣"为导向的幼儿体育教学中，并未帮助幼儿构建未来专项运动技能学习的必要条件和基础，使得短效的幼儿参与兴趣扼杀了长效的终身体育兴趣。

2. 基本动作模式、基本运动技能与幼儿未来体育学习的内在联系

3—8岁，是形成多种基本动作技能的基础时期。这意味着幼

---

[1] Lisa M. Barnett, M. P. H. Eric van Beurden, Philip J. Morgan, et al., "Childhood Motor Skill Proficiency as a Predictor of Adolescent Physical Activity", *Journal of Adolescent Health*, Vol. 44, No. 3, April, 2009.

[2] 杨帆、谷玲辉等：《义务教育阶段学生体质健康现状下的学前教育体育教学主体任务思辨》，《云南教育》（视界综合版）2023年第12期。

儿期间是发展基本动作的黄金期①，然而，幼儿基本动作技能的发展并不是自然形成的，需要在内、外部因素相互作用下循序渐进地发展②，如图 1-1 所示。以上信息表明幼儿的动作水平需要专门地、针对性地进行开发。仅仅通过以娱乐为主体，以兴趣为导向的身体活动无法实现多维度的幼儿身体能力发展目标。忽视"身体教育"的幼儿体育教学将严重抑制义务教育阶段的专项运动技术学习效率。

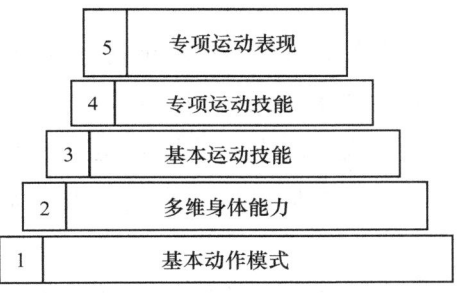

图 1-1 运动发展的进阶金字塔

2022 年颁布的《体育与健康课程标准》中，将"教会、勤练、常赛"作为重要的义务教育阶段体育课程理念。"教会"是"勤练"与"常赛"的基础，"勤练"是发展技能、提高体质健康的核心，"常赛"为构建体育文化、发展体育内核功能、挖掘专项运动人才和进一步提高专项运动兴趣创造了条件。其中，"教会"是该理念实现的起点、重点和难点。然而，义务教育阶段的"教会"面临着重要的矛盾。一方面，在义务教育阶段《体育与健康标准》中，虽然没有基本动作学习的目标和内容要求，但是水平达到标准的儿童已经

---

① Gallahue, D., Ozmun, J., *Understanding Motor Development: Infants, Children, Adolescents, Adults*, New York: McGraw-Hill, 2006, pp. 2-13.
② 童甜甜、陈美媛等：《幼儿基本动作技能发展影响因素的研究进展——基于社会生态学模型的视角》，《北京体育大学学报》2020 年第 5 期。

普遍较好地掌握了基本动作模式（基本动作模式是基本运动技能的基础，基本运动技能是各专项运动技能学习的基础）。儿童早期动作的良好发展会鼓励幼儿参与体育活动，促进其身体健康、认知、情绪和社会性等多个方面的发展，为个体未来的全面发展提供有利条件。然而，基本动作模式构建的学习效果是相对隐性的，效果观察和量化的难度较大，这确实在一定程度上导致了幼儿体育教师难以理解，幼儿体育教学体系难以接纳的结果。另一方面，动作的学习对体质健康水平的提升作用并不显著，这在一定程度上又导致了功利主义体育教学价值体系下该教学模块被摒弃的现实[①]。中国现阶段幼儿体育教学中，基本动作模式的相关教学内容缺失，正确的基本动作模式又无法自然形成。以上矛盾因素是导致义务教育阶段学生运动技能掌握不理想、无法形成运动兴趣，进而无法发展为终身体育的重要原因。

目前，国内的幼儿体育研究领域很少关注到幼儿身体能力发展与义务教育阶段体育学习、运动之间的内在联系，对义务教育阶段体育教学存在的诸多问题，也没有从幼儿阶段的体育教育过程中探查原因[②]。关于义务教育阶段体育教学实效研究中的运动技能习得问题，一般基于问题产生时间的教学内容、教学主客体进行分析，即用当前的教学行为解释当前的教学问题。如果跨越义务教育时间维度，或许在学前教育阶段能找到更为重要的线索。以当前的幼儿体质健康现状和身体素质水平，进入义务教育阶段后，体育教学效能将受到学生个体主观条件的严重限制。这些幼儿阶段未能得到解决的体质健康问题仍然会长期存在，并对各年龄段的体育教学效能产

---

① 杨帆、谷玲辉等：《义务教育阶段学生体质健康现状下的学前教育体育教学主体任务思辨》，《云南教育》（视界综合版）2023 年第 12 期。
② 杨帆、谷玲辉等：《义务教育阶段学生体质健康现状下的学前教育体育教学主体任务思辨》，《云南教育》（视界综合版）2023 年第 12 期。

生抑制①。

第三节　幼儿体育教育体系的设计考量与主体任务

一　幼儿体育教学体系构建的四个考量因素

（一）中国幼儿体质健康的共性问题

中国幼儿体育教育体系的构建，必须建立在深入了解中国幼儿体质健康与运动能力现状的基础之上，甚至需要对义务教育阶段体育教育的核心——专项运动技能教学问题进行追根溯源，也要充分结合当前幼儿生活、学习、家庭教育的发展变化，即时代性特征，探寻问题的具体症结，包括症结形成的原因、顽固的原因、不断发展的原因及其内在联系（形成和发展的机制），才有可能使体系构建更具针对性、实效性和可操作性。科学高效的具体策略与方法以全面客观地了解共性问题为前提。

（二）3—6 岁幼儿心血管系统、骨骼、肌肉、神经及心理特征

首先，为任何年龄段人群制订与身体运动相关的计划、方案，都必须建立在对该年龄段生理、心理充分了解的基础之上。幼儿体育教育更应如此，幼儿的生理、心理显著区别于成年人，甚至三岁幼儿和五岁幼儿的运动生理特征都会出现显著差异。幼儿阶段的神经系统高速发展，关节活动度较大，骨骼韧性较好，维持注意的时间较短。在幼儿的神经、骨骼与肌肉发展中，神经优先发展，其次是骨骼，再次是肌肉。必须充分地了解幼儿与运动相关的生理特征才能最大化体系构建的效能，有效规避体育教育中的伤害，尤其是

---

① 杨帆、谷玲辉等：《义务教育阶段学生体质健康现状下的学前教育体育教学主体任务思辨》，《云南教育》（视界综合版）2023 年第 12 期。

持续带来影响的隐匿性伤害。充分了解幼儿的心理特征，才能使幼儿更好地接受更具价值和功能性的理念、方法、手段。

其次，在体系构建中，要进行多层面、多维度的综合考量与分析。例如，根据神经、骨骼、肌肉发展顺序，在幼儿阶段应该重点发展神经系统。但是结合体质健康监测数据，力量薄弱已经成为中国幼儿的体质健康共性问题。多种因素综合考量，力量发展与神经发展不能顾此失彼。因此，在体系的构建中，单一视角与多个视角审视相同问题的结果是完全不同的，有必要基于多元化视角进行幼儿体育教育体系的构建。

（三）国内外幼儿体育教学、体育活动理论研究

针对幼儿体育运动方面的研究，中国开展得相对较晚。从学前教育中的体育教育到幼儿体育科学（幼儿运动生理、心理等），都有较大可挖掘的空间。广大理论研究者提出了中国幼儿体育领域研究与实践的多种问题，并给予了对策建议，包括师资培养、教材教法、教学科学性与系统性、教学评价、教师再学习等。但是较少基于幼儿教师具体体育教学行为的相关研究。通过研究教学行为，对导致行为的原因进行分析，能更客观地反映当下幼儿体育教育体系的问题。理论与实践两个层面的努力并未明显改善中国幼儿体质健康水平是不争的事实。当然，导致幼儿体质健康问题的原因是多元化的，即便一个微观问题，也是由复杂的因素体系构成的，当前理论研究的结论，尤其是问题的宏观研究和宏观策略往往难以渗透至复杂的内部体系中产生应有的作用。幼儿体育教育领域中，可操作性强且能够从底层逻辑直击问题要害的，具有实践应用价值的理论极为匮乏是不争的事实。国外虽有实践性微观研究，其理论也在长期的实践中不断完善，但难以契合中国幼儿成长的客观环境和体质健康现状。因此，构建针对中国幼儿的体育教育体系迫在眉睫。

（四）中国幼儿体育教育的实践现状

在进行中国幼儿体育教育体系构建前，有必要了解中国学前教育体育理论与技能的教学基本情况，以及幼儿教师从教后的体育科学学习情况。通过文献查阅、实地调研，掌握幼儿体育教学实践情况，探寻共性问题、核心问题。抓住问题本质，才有可能通过体系构建帮助一线教师解决问题。龚海培等学者对目前中国幼儿体育教育实践问题做了较为全面的总结：（1）目前幼儿学前教育尚未纳入义务教育体系，体育课程设置普遍缺乏科学指导和理论依据，导致其成人化、形式化和模式化现象严重。（2）部分幼儿园体育课程以学习专项动作技能为主，一味强调运动负荷及片面性的动作到位，体育课程缺失游戏性与趣味性，违背了幼儿个人兴趣、需求和身心发展规律。（3）幼儿体育课程内容单一且创新不足。现阶段中国幼儿体育课程理论研究少，难以开发创新课程，且大部分幼儿园常出于安全考虑会限制幼儿参与看似危险、复杂的体育活动。（4）一系列原因导致了中国幼儿体育课程仅以集体热身操（舞）和固定练习项目为主，抑制了幼儿在体育活动中的主动性、积极性和创造性，也容易产生运动时长与负荷不足导致其活动质量下降等问题，不利于幼儿身心健康发展[①]。具有具体体育教学行为指导意义的理论或实践再学习平台，以及促进两者更好更快发展的机制尚未形成，是导致诸多幼儿体育教学实践问题的重要原因之一。

二 幼儿体育教育体系设计的主体任务

（一）通过测试与评估发现、干预、解决幼儿体质健康问题

教育部颁布的《3—6岁儿童学习与发展指南》中，对健康体态

---

① 龚海培、柳鸣毅等：《体育强国背景下我国幼儿体育发展体系研究》，《体育文化导刊》2020年第9期。

的重要性进行了强调，其指出身心健康的第一目标是使儿童具有健康的体态。物理治疗师简·约翰逊认为，体态描述的是身体各部位之间的关系，包括它们自然排列的位置，以及从解剖学视角审视这些自然排列的位置是否契合。在标准体态下，人体各部位对关节表面的压力是均衡的，关节的结构不会提升任何软组织张力，肌肉也不需要额外发力去调整身体姿态。如果偏离标准体态，会出现韧带压力失衡和肌肉代偿性工作，问题关节以及相邻关节都会受到影响，如果关节对位不良持续下去，这样的位置偏移可能会造成结构性的变化①。基本动作与基本运动技能的正确性依赖正常的关节活动度和良好的力线，这意味着不良的体态不仅会影响基础体质健康水平，同时还会直接影响基本动作、基本技能和专项技能的学习与运动表现。因此，测试与评估是发现问题和解决问题的先决条件。

1. 幼儿身体形态的评估

目前，针对幼儿的体质健康测试并不能完全满足幼儿体质健康发展的需要。2020年，教育部就青少年体态异常中的脊柱侧弯问题作出重要指示：要积极采取一系列措施，加强青少年学生预防脊柱弯曲教育，落实相关的健康促进行动②。由于青少年脊柱侧弯发病率的逐年升高，该问题得到了更为广泛的社会关注，而脊柱侧弯仅仅是幼少儿体态问题的冰山一角。因幼儿的体态问题隐匿性强，随年龄的增长，问题不断加重，体态问题被发现时往往已经错过最佳矫正期，甚至需要手术矫正。体态的测量与评估尚未纳入幼儿、青少年体质健康监测范围，但其已经成为影响幼儿、青少年体质健康的重要因素。从国内外的统计数据看，青少年的体态异常问题十分严

---

① [英]简·约翰逊编著：《体态评估操作指南》，陈方灿、江昊妍译，天津出版传媒集团、天津科技翻译出版有限公司2017年版，第18页。

② 教育部：《关于政协十三届全国委员会第三次会议第1013号（医疗体育类082号）、第B022号提案答复的函》，中国政府网（http://www.moe.gov.cn/jyb_xxgk/xxgk_jyta/jyta_twys/202102/t20210201_512056.html）。

重。学者甄志平在2020年对北京市幼儿进行的体态评估研究显示，4—6岁幼儿高低肩检出率超过了40%，6岁幼儿的骨盆前倾检出率为61.7%，4—6岁O/X形腿的检出率最高为73.7%。学校、家长高度关注的近视率与体态问题关系密切，多项研究结果证实，身体姿态异常显著增加了近视的发生率[1]。2018年国家卫生健康委员会公布的数据显示，6岁儿童、小学生、初中生和高中生的近视发生率分别为14.5%、36.0%、71.6%和81.0%[2]。近视率呈"高检出、低龄化、高度数、发展快"的特点。由此可见，体态问题已经成为影响幼儿、青少年体质健康的第一杀手，也是抑制幼少儿体能与运动技能发展的重要因素。就目前中国青少年体态问题逐渐低龄化，幼儿体态问题检出率不断攀升的客观实际，幼儿体态评估有必要纳入体质健康的评估与筛查体系。依据现有幼少儿体态问题的相关研究数据，以幼儿教师为主要对象，普及基础的徒手体态评估技术，并在日常幼儿体育教学中，融入预防主要体态问题的方法与手段，对改善幼儿体质健康意义重大，是幼儿体育教学设计中"解决体质健康问题"要义的重要体现。

当幼儿处于正常体态时，人体肌肉的工作效能更高，不必要的代偿更少，疼痛的风险更低。体态对运动技术的习得，以及运动表现有着绝对重要的影响。如图1-2所示，不同的体态问题会导致不同的运动限制。例如，骨盆前倾会限制髋关节的灵活性，其引起的股骨摆动限制将使幼儿无法实现正确的跑步姿势，而这种影响随着关节与平衡代偿会导致系列基本动作模式的生物力学出现问题，包括跑步支撑点与重心投影点距离过长，支撑初期重心靠后、重心过

---

[1] 王富百慧、冯强：《青少年近视与身体姿态异常的关系研究》，《中国青年研究》2022年第3期。
[2] 《国家卫生健康委员会2019年4月29日例行新闻发布会文字实录》，国家卫生健康委员会网（http://www.nhc.gov.cn/xcs/s7847/201904/e9117ea8b6b84f48962e84401d305292.shtml）。

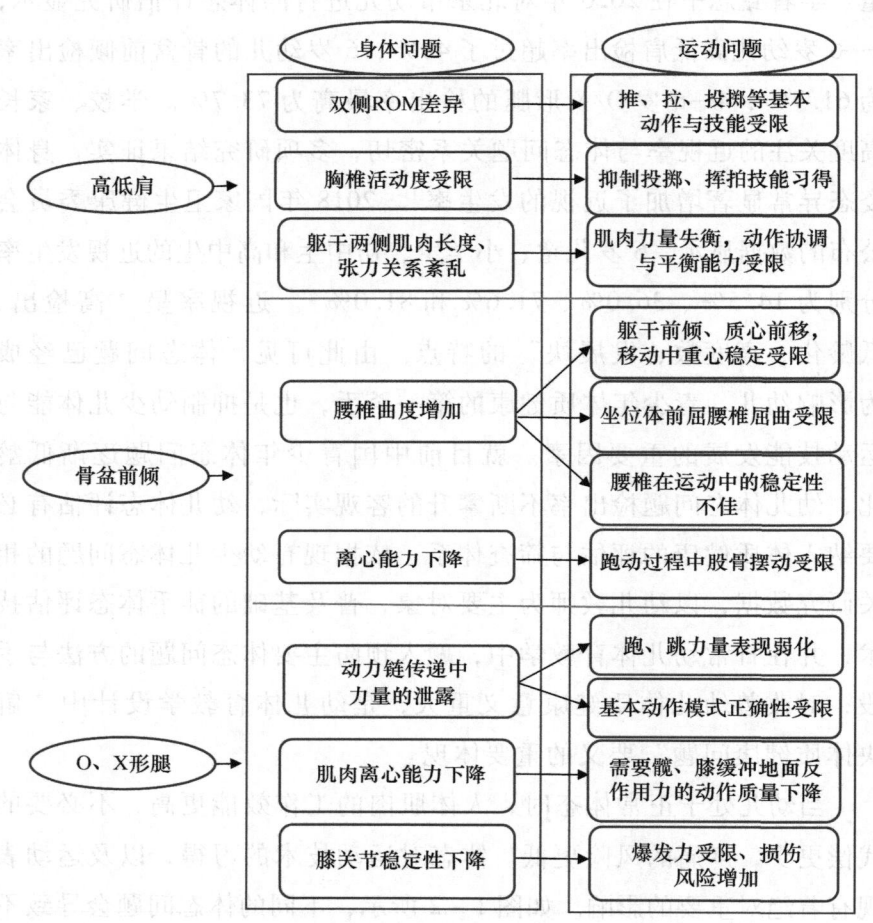

图1-2 体态问题的运动表现与运动技能习得影响

低等问题,严重降低跑步的经济性,且大幅增加了跑步出现疼痛的概率。遗憾的是,当幼儿出现了运动习得水平不佳等问题时,很少将问题归因于体态。体态不仅影响基础健康和学习生活,更影响运动功能和表现。而运动习得受阻,运动表现不佳又反向影响体质健康水平。只有将体态的评估、矫正纳入幼儿体育教学系统内,才能确保重要的体质健康问题能及时被发现和干预。

美国运动医学会认为,体态与最佳的神经—肌肉控制有密切关系,而运动技能的习得效率高度依赖神经—肌肉控制水平。几乎所有主流运动项目的主要技术环节均由基本动作模式(下蹲、弓步、旋转、推拉等)组成。体态问题是导致基本动作模式被动错误的重要原因,并且难以通过学习、练习进行改进。在基本动作模式错误的条件下,自然无法正确和高效地掌握各专项运动技能。

如图1-3所示,体态问题将导致力偶关系失常等系列影响运动表现因素的产生。X形腿的幼儿,其膝、踝关节内外侧的长度—张力关系失衡,关节运动能力受限。在运动选材中,良好的体态是极为重要的参考指标,优秀运动员往往有着更为理想的体态特征,这是他们竞技能力构建和优秀运动表现的基础。在幼儿的体质健康与运动表现干预实践中发现,体态问题严重制约了幼儿的运动天赋表达。拥有较好神经—肌肉天赋的幼儿,例如在垂直跳测试中表现出突出的爆发力,在原地的多任务测试中表现出优秀的神经—肌肉控制精准性。但是由于体态问题,在移动速度和敏捷性中并未表现出优势。因为在速度和敏捷等运动表现中,神经—肌肉的优势需要骨杠杆进行力量传递,不良的体态严重限制、弱化了传递效果。也可将体态理解为神经—肌肉能力表现的中介机制。由此可见,体态问题不仅影响基础健康水平,也会影响运动表现,同时也会抑制本身具备的运动天赋的表达。每一位幼儿体育教育研究和实践者都应该反思,当幼儿基础健康存在问题,运动能力发展存在巨大障碍时,是应该先解决上述问题,还是视而不见,将精力集中于体育教育精神层面的价值挖掘。

2. 幼儿体能水平评估

健康的生活、学习和良好的心理状态,以及幼儿阶段通过体育教学实现全面的身体能力发展均需要良好的体能水平。2018年,人民日报发文《为什么很多中国孩子体质弱得触目惊心》,文

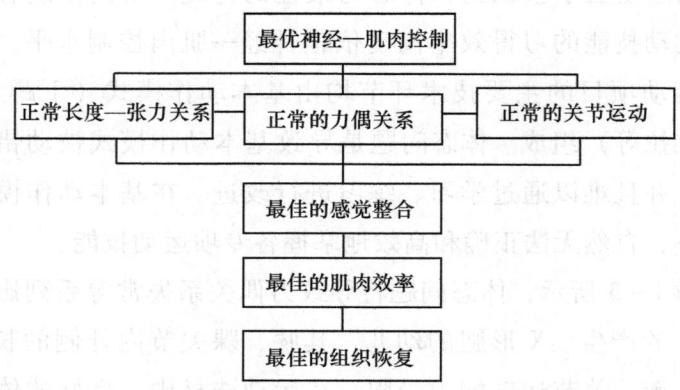

图 1-3 高效的人体动作

资料来源：转引自《NASM-CES 美国国家运动医学学会纠正性训练指南》，人民邮电出版社2019年版。

中对中国少年儿童的体质健康水平现状进行了评述，对其成因进行了分析。当前幼儿的生活方式，以及幼儿体育教学缺乏科学性、系统性和规范性等多维度因素导致了当前极为严重的幼儿体质健康问题，不同地区甚至相同地区不同幼儿园的幼儿体能水平都会出现不同程度的差异。幼儿教师有必要了解幼儿的平均体能水平和水平差异等数据，否则体育教学设计缺乏依据，难免谬妄无稽。基本的体能与体态测试评估结果可以作为幼儿初始的体质健康档案内容，也可为体育教学目标设定和内容设计提供参考，同时可以作为问题分类教学，以及水平分层教学的重要依据。与此同时，体能测试数据向家长反馈，有利于形成家校联合解决幼儿体质健康问题的机制。

幼儿体育教学的主要任务之一，是有效提升幼儿的体能水平。该目标的确立，主要依据当前中国幼儿较差的体能现状。在将体能因素融入教学时，教师需要清晰地了解幼儿体能水平的基本情况，对体能的测试与评估是设定体育教学目标的起点。没有对教学对象体能水平的基本了解，就不可能制定科学合理的体育教学目标。

(二) 幼儿体育教育的主要任务

1. 构建合理的基本动作模式

美国和英国将动作发展作为幼儿体育与健康领域学习目标设置的指导方向①。基本动作模式包括下蹲、俯身、转体、步态、拉、推、举、爬动、翻滚、弓步等，构建合理的基本动作模式是幼儿教学阶段的核心目标②。幼儿体育教学设计应遵循动作发展的基本规律，即首先学习、掌握基本动作模式（3岁左右），在此基础上学习、掌握基本动作技能（4—6岁），之后学习、掌握基本运动技能（7—12岁），最后学习、掌握专项运动项目的专项运动技能（13岁及以上）③。

基本动作模式的正确性为基本运动技能的形成创造了条件，同时，为幼儿当前及未来的运动安全性提供了基础保障。几乎所有运动项目中的动作因子，全部来源于基本动作，这意味着基本动作将对幼儿未来在主流运动项目技术习得过程中产生重要影响。幼儿体育教学必须探查和深入了解运动技术学习，以及运动兴趣形成和发展的底层逻辑。Gallahue等的研究显示，人在3—8岁是发展基本动作的黄金期④，儿童早期基本动作能力的构建有助于幼儿积极参与体育活动，促进其身体健康、认知、情绪和社会性等多个方面的发展，为个体未来的全面发展创造有利条件。

幼儿未来体质健康和有效实现长期发展目标的基本能力是该阶段体育教学的重要目标之一。幼儿体育教学目标的设定，要充分结

---

① 吴升扣、张首文等：《动作发展视角下幼儿体育与健康领域学习目标的国际比较研究》，《成都体育学院学报》2014年第5期。

② 李斌、崔运坤等：《我国青少年校园足球课余训练存在问题及解决思路》，《吉林体育学院学报》2020年第1期。

③ Beijing Sport University International Forum 2016, *Motor Development and Physical Activity Promotion of Children*, Beijing Sport University Press, 2016, pp. 42 - 48.

④ Gallahue, D., Ozmun, J., *Understanding Motor Development: Infants, Children, Adolescents, Adults*, New York: McGraw-Hill, 2006, pp. 2 - 13.

合幼儿阶段的主要体质健康问题，以及小学阶段、中学阶段运动技能学习所出现的相关问题，甚至包括学生就业后的运动与健康全视角。通过系统梳理，发现基本动作模式的构建水平与各阶段的健康、运动都存在密切关系。其主要体现在运动技术习得层面，该过程是抑制和促进运动兴趣的重要因素。

从图1-4的基本动作模式对专项运动技能的影响可以看出，技能的掌握是兴趣的起点，"会打球"才能"爱打球"，而在运动技能学习中可自我感知的持续性进步是从"不会打球"到"会打球"的关键。基本动作是基本技能形成的起点，需要对义务教育阶段运动技能掌握出现的障碍进行反思，如果对底层逻辑进行深挖，这种反思甚至应该涉及幼儿阶段的体育教学。在幼儿阶段，是否构建了小学阶段运动技能学习的基础条件？如果整个运动技能学习基础条件的体系是不健全的，小学阶段的运动技能学习就只能依靠"天赋"。有个别或少部分神经—肌肉灵活性较好，身体素质水平较高的小学生可以快速地掌握各项运动技能，在专项运动学习中有较好的表现和学习效果。但是，体育教育的本质是提升整体水平，拉高平均水平，解决普遍性问题。如果体育教育过程没有实现以上目标，就无法体现体育教育的意义和价值。

2. 全面夯实力量等身体素质基础

《3—6岁儿童学习与发展指南》指出，3—6岁幼儿通过体育活动应具有一定的力量和耐力，以及手的动作灵活协调能力。力量和耐力首次被纳入幼儿健康领域的发展目标。这是参考国民体质健康监测幼儿部分数据及相关幼儿身体素质研究结果作出的指导改进。中国幼儿运动时间、空间的持续压缩导致了其力量水平降低，以及持续运动能力的弱化。以上两个因素发展滞后不仅会影响体质健康，同样也会抑制其他身体素质的发展。

力量是身体运动构成的重要因素，表现为运动中身体或身体的

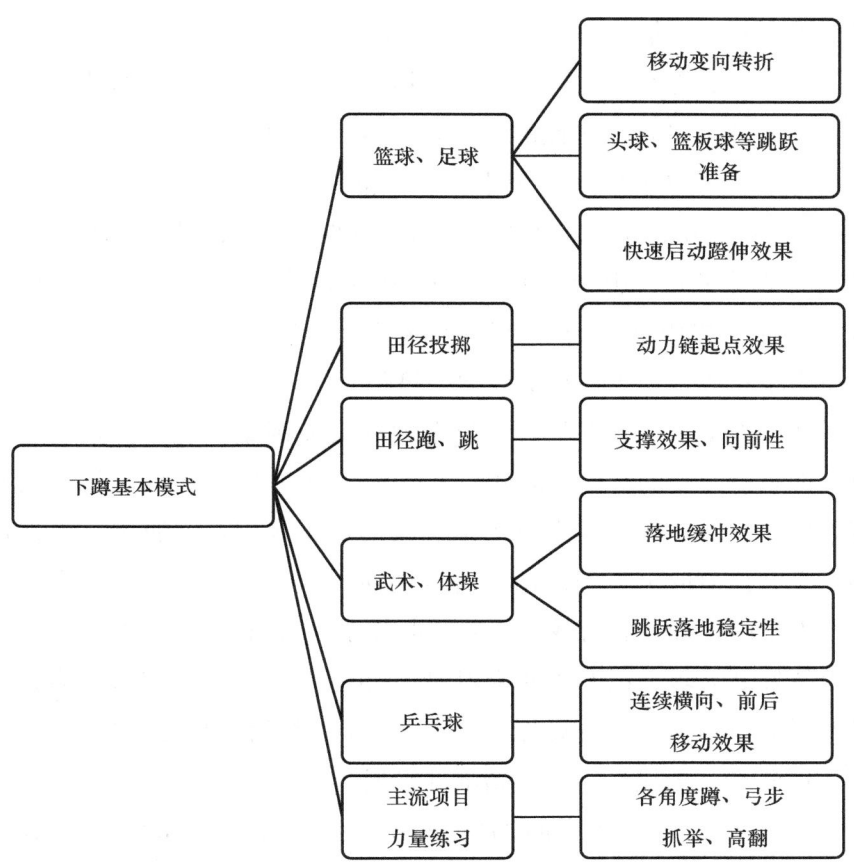

图 1-4 基本动作模式——蹲，对多个运动项目技术的影响

局部在完成运动动作时所表现出来的克服阻力的能力。运动力量反映了力的特征。力量不仅是人体进行体育运动的基本素质，而且是其他身体素质发展和健康体魄的基础，也是获得运动技能和获取优异运动成绩的基础。在国民体质健康监测的幼儿身体素质测试部分，除坐位体前屈外，其他 5 项测试均与力量能力关系密切。可见，力量水平是决定幼儿体质健康的重要因素。力量不仅和"动"有关，幼儿长时间维持正确站姿、坐姿等静态姿势均需要力量能力的支撑。

从该视角看，力量与幼儿体态关系密切。

当前，幼儿不适合进行力量发展的论调仍然存在。幼儿到底适不适合通过一定有趣味性的，符合其身体能力条件的，具有可操作性的力量性练习来发展力量水平，不能仅从传统视角和经验判断。从2000年、2005年、2010年和2014年的4次国民体质的监测公报呈现的结果来看，中国幼儿的上肢力量素质在2005年已无上升趋势，之后的2010年和2014年的两次数据均显示中国3—6岁幼儿的上肢力量素质呈现了逐年下降的趋势①。

幼儿力量水平的下降有着复杂的社会性因素，这些因素有着固化，即难以改变的特征。因此，难以在生活方式上对幼儿进行干预。毫无疑问，幼儿体育教学成为最有效的可干预因素。肌肉力量发展的意义和价值取决于当前幼儿普遍的肌力水平，以及发展肌力的模式与方法的正确性和有效性，并非取决于没有科学依据的主观认识。从力量发展需求，以及力量对其他身体能力构建的全面影响看，力量发展应该作为重要的幼儿阶段体育教学目标给予高度重视。

3. 神经—肌肉协调性与精准性发展

4—6岁儿童脑细胞间的突触总数为成人脑细胞突触总数的150%，为脑的各种高级功能模块的构建提供了充分的前提条件②。学者田学岭研究认为，肢体活动既是大脑皮层相应部位神经活动调节的结果，又可进一步刺激并加强大脑皮层相应部位的神经活动，促进这些神经细胞的发育和功能的发展。对人脑起作用的信息刺激，有的来自外部，有的来自人体和内部器官，特别是骨骼、肌肉兴奋

---

① 国家体育总局：《第二次国民体质监测公报》，国家体育总局（https：//www.sport.gov.cn/n4/n9/c216771/content.html）；国家体育总局：《2010年国民体质监测公报》，国家体育总局（https：//www.sport.gov.cn/n20001280/n20001265/n20067706/c20108017/content_3.html）；国家体育总局：《2014年国民体质监测公报》，国家体育总局（http://www.sport.gov.cn/n16/n1077/n1227/7328132.html）。

② 沈政：《脑科学与素质教育》，《教育研究》1999年第8期。

时产生的生物电对人脑发育起着更为重要的作用。肌肉运动可以使大脑神经细胞的突触功能不断提高，增强大脑皮层细胞活动的强度，提高大脑的分析与综合能力，从而使整个大脑神经系统的功能得到加强[①]。根据幼儿神经系统特征，有针对性地设计和开发体育教育的相关内容，有效促进幼儿神经—肌肉系统协调性和精准性的发展，为幼儿终身的运动技能学习、发展奠定坚实基础，是幼儿体育教育体系构建的重要内容。

任何运动技能的习得都需要多关节、多肌肉群的复合运动。在体育教学与运动实践中发现，当多任务条件工作对神经—肌肉协调性提出更高的要求时，出现动作僵硬、功能紊乱、关节活动度受限，甚至无法完成动作的概率显著增加。不论周期性运动还是非周期性运动，都需要良好的神经—肌肉协调性作为技能学习和运动表现的基础。在目前的幼儿及义务教育阶段的体育教学中，没有专门的神经—肌肉协调性强化目标和方案。这也是运动技能习得障碍导致专项技术学习效能被抑制的重要因素之一。

幼儿阶段是神经系统发展的窗口期，利用该时期进行神经—肌肉协调性发展，事半功倍。幼儿教师要建立将神经系统发展、肌肉力量发展和动作发展视角一体化的概念。义务教育阶段运动技能习得与运动兴趣形成中出现的普遍性问题是强调幼儿神经—肌肉协调性发展的客观依据。因此，神经—肌肉协调性的发展应该纳入幼儿体育教学目标体系。

4. 提升供能系统的供能能力

幼儿生活方式的改变除了对身体素质产生影响外，对供能系统同样会产生影响。例如，随着中等强度以上的运动显著减少，幼儿维持中、高强度运动的能力显著下降。

---

① 田学岭：《基于脑的幼儿创造潜能开发训练实验研究》，《学前教育研究》2006 年第 2 期。

从事不同类型（时间、强度）的运动需要以不同的供能系统比例进行供能。供能系统与身体素质是燃料与发动机的关系，供能系统是支持身体素质表现的"燃料"。在幼儿体育教学中，认识到当前幼儿活动方式、生活与学习方式的巨大改变所造成的供能系统功能弱化，并且据此有针对性地通过运动强度、密度、持续时间等因素的调节，帮助幼儿有效提高供能系统工作能力，意义重大。

提高供能系统的工作能力并不需要单独花费教学时间，有技巧地进行教学练习内容的强度、密度、持续时间调节，既可达到不同供能系统水平提升的目的，也可以将供能系统的提升理解为其他教学目标实现过程的附属品。但是，如果教师不理解不同供能系统的特征与功能及其在幼儿身体机能发展中的重要性，以及其对体质健康提高的基础性支撑作用，供能系统能力提升无法被有针对性和科学性地设计。以幼儿为对象的供能系统能力和发展研究较为匮乏，部分研究显示幼儿不适合发展有氧能力，也有学者提出幼儿应该注重有氧能力的发展，不适合发展无氧能力。事实上，幼儿的有氧能力与无氧能力都需要发展，教师需要了解幼儿的生理机能特点，合理、科学、安全地进行机能水平的提升是完全有必要的。供能系统和身体素质存在千丝万缕的关系，虽然对幼儿供能系统的研究匮乏，但从幼儿身体活动时间、强度，以及体质健康现状的相关研究结果看，供能系统是需要强化的重要因素。

5. 建立双人、多人的团队协作意识、规则意识

研究表明，幼儿的教育，尤其是幼儿的体育教育过程，可以在团队环境中发挥巨大的凝聚力作用，对培养幼儿的品格，矫正幼儿的不良行为具有特殊作用[①]。体育教学过程中的多人协作团体类游

---

① 郑睦凡、赵俊华：《权力如何影响道德判断行为：情境卷入的效应》，《心理学报》2013年第11期。

戏，能够将幼儿集中在一起进行身体活动，可以给幼儿提供更多的交流与合作机会。大家为了一个目标共同努力，在完成任务时，体会到团体存在的意义①。

虽然中国计划生育政策发生了变化，但就目前来看，一胎仍然"唱主角"。幼儿在校外能够体验的"合作"情境较少，不能满足幼儿社会性心理发展的基本需要。显然，体育教学在满足这种心理和行为能力的发展中具有先天优势，尤其是体育活动中合作与竞争的融合体验，对幼儿全面发展的价值极高。

6. 解决义务教育阶段学生体质健康与体育教学问题

义务教育阶段学生体质健康水平没有得到有效改善。中国自1985年开始每五年进行的全国学生体质健康调查显示，学生体质健康状况连续25年下降，直至2015年②，教育部的数据显示，中国青少年儿童体质部分指标"触底反弹"，呈现出"稳中向好"态势③，但下滑的总体趋势仍未得到根本扭转。

2016年10月，国务院颁布的《"健康中国2030"规划纲要》中明确指出，培育青少年体育爱好，确保学生校内每天体育活动时间不少于1小时④。课内体育教学中运动技术学习效果不理想，直接影响了课外体育活动的参与度和参与时间。研究显示，中国9—17岁人群每天运动达到1小时的比例仅为9.4%（男生）和1.9%（女生)⑤。

---

① 全海英、马超：《情境启动体育游戏对幼儿合作行为的影响》，《体育学刊》2014年第2期。
② 刘扶民、杨桦主编：《中国青少年体育发展报告》，社会科学文献出版社2016年版，第44—50页。
③ 王军利：《身体规训与生成：青少年体育锻炼不足的学校体育实践反思》，《中国青年研究》2018年第1期。
④ 中共中央、国务院：《健康中国2030规划纲要》，中国政府网（http://www.gov.cn/gongbao/2016-11/20/content_ 5133024. htm）。
⑤ Chao W., Peijie C., Jie Z., A National Survey of Physical Activity and Sedentary Behavior of Chinese City Children and Youth Using Accelerometers, *Research Quarterly for Exercise & Sport*, 84, SuppL, 2013, S. 12 – 28.

主观运动参与意愿不足是中国青少年每日体育活动时间严重不足的重要原因之一。而主观参与意愿必须建立在基本动作模式和基本运动技能掌握后的高效专项运动技术习得的基础之上。义务教育阶段的问题需要回头看，学前教育阶段的目标需要向前看，体育教育是一个长期的、系统的工程，不能因学段将其长期规划人为割裂，使其丧失系统性和发展性。由此可见，幼儿阶段的体育教学目标需要具有一定的前瞻性特征，即解决义务教育阶段学生的体质健康与体育教学问题。

第四节 幼儿体育教学课程目标体系

一 幼儿阶段的体育教学总体目标（身体目标）

幼儿体育教学的基本目标体系包含以下因素：体态评估、干预与预防，功能动作评估、干预，基本动作模式构建，平衡能力发展，灵活性发展，核心稳定能力构建与发展，敏捷能力发展，速度与爆发力发展，心血管机能发展，均衡的肌力发展等。

幼儿体育教学的示范课，以及各种、各级、各类教学比赛，幼儿体育教学的目标设计普遍性地体现了体育教学的多维拓展功能。基于兴趣与心理构建的设计元素更多，而对幼儿身体的关注过少。体育首先应该是身体之教育，基于身体教育发挥其拓展功能是体育教育的基本原则。体育教育的根本目标和核心目标是改善、解决中国幼儿、青少年当前的体质健康问题，并为后续体育学习、形成运动兴趣夯实基础。因此，体系构建中体育教学目标的设计以身体目标为核心。在此基础上，通过多元化的设计，实现其拓展功能。

二 幼儿阶段分龄目标体系

（一）小班（3—4岁）的分龄目标体系

为了幼儿学习阶段（3—6岁）的身体能力构建具有持续性，需要有稳定的分龄目标体系下的子目标（见表1-1）。小班的体育教学更多围绕"初步构建""初步掌握"，以静态、原地或直线的基本形式进行启蒙和本体感觉的建立，为中班阶段的进阶构建基础。子目标的选择参考了幼儿体质健康检测的数据，以及近10年中国幼儿体质健康与运动方面高质量文献中的核心观点。

表1-1　　　　　　　小班（3—4岁）阶段子目标及内容

子目标	内容
通过体态评估发现问题 通过体育教学改善体态问题	腿型、骨盆、脊柱、足踝、肩颈的体态评估，构建体育教学及家庭练习方案
建立初阶基本动作模式	学习、掌握正确的下蹲、俯身、步态、拉、推、弓步动作模式，并在低速运动中进行应用
平衡能力发展	原地与垂直力冲击条件下的平衡能力发展
灵活性发展	强化肩关节、髋关节、踝关节的灵活性，学习方法并逐渐规范练习动作
核心稳定能力的初步构建	静态条件下脊柱抗屈曲、伸展、侧曲的能力
前瞻性地预防普遍的体态问题	通过力量与伸展练习，针对驼背、圆肩、脊柱侧弯、X形腿、骨盆前倾等体态问题进行预防
速度与爆发力的开发与应用	短距离加速、自重条件和正确基本动作模式条件下的非全幅度爆发力
持续运动能力强化	通过练习密度的调控，提高有氧能力，以中强度控制间歇形式实现。每次课3分钟一个单元的专门设计
肌力发展	主要以站姿、仰卧、俯卧、侧卧条件下双足支撑的原地练习发展全身肌肉力量
构建敏捷发展基础	低速离心能力与技术
通过功能性游戏整合应用基本动作与身体素质	结合原地或慢速基本动作模式的功能性游戏

（二）中班（4—5岁）的分龄目标体系

中班的分龄目标在子目标稳定的基础上主要体现了由单一向多维，由初步构建向巩固提高，由静态向动态等变化（见表1-

2)。与训练周期的基本原理一致,中班分龄目标的实现,以小班的目标达成效果为基础,这也体现了不同分龄目标之间的内在逻辑关系。例如,在"核心稳定能力"子目标中,小班为全静态模式条件下进行发展,中班为局部动态模式条件下进行发展。局部动态条件下完成教师设计的相关练习,需要幼儿具备静态条件下构建的核心稳定能力基础。

表1-2 中班(4—5岁)阶段子目标及内容

子目标	内容
第二次评估,跟踪体态问题的改善情况	腿型、骨盆、脊柱、足踝、肩颈等局部的体态评估,并与上一年度体态评估结果进行对比
巩固初阶基本动作模式,建立中阶基本动作模式	巩固下蹲、俯身、步态、拉、推、弓步动作模式,学习前抛、转体、上举、爬动、翻滚动作模式,在其他练习中整合应用以上动作模式
平衡能力发展	水平与垂直力冲击条件下的平衡能力发展,利用多种平衡干扰方式的组合进一步丰富平衡能力发展的手段,不断形成新的平衡刺激,发展神经肌肉控制的精准性和协调性
灵活性发展	进一步提高多关节活动度,进一步规范关节活动度练习技术,将关节活动度与动作发展结合,利用更好的关节活动度发展动作技能,利用移动性动作发展更优的关节活动度
核心稳定能力的发展	质心静态、肢体动态条件下的核心稳定控制
前瞻性地预防普遍的体态问题	进一步提高相关肌群的肌力,进一步提升坐姿状态下维持正确姿势的时间
采用自重练习和非全幅度练习进一步发展速度与爆发力的能力基础	以快速摆脱静止状态的能力和爆发力能力发展为核心内容。主要采用自重练习和非全幅度练习,将速度与敏捷进行结合发展多维能力
持续运动能力强化	通过练习密度的调控,提高有氧能力。每次课2—3分钟两个单元的专门设计
肌力发展	主要以站姿、仰卧、俯卧、侧卧单足支撑的原地练习发展全身肌肉力量
构建敏捷发展基础	封闭性的移动敏捷发展。包括多方向的移动能力和移动技术,以及敏捷与平衡等其他身体能力的组合应用

（三）大班（5—6岁）的分龄目标体系

大班的分龄目标设计仍然延续小班与中班过渡的设计逻辑（见表1-3）。围绕"巩固""强化""发展"，进一步提升幼儿运动表现基础，并为义务教育阶段高效的体育专项运动技术学习创造条件。

表1-3　　　　大班（5—6岁）阶段子目标及内容

子目标	内容
第三次评估，跟踪体态问题的改善情况	腿型、骨盆、脊柱、足踝、肩颈等局部的体态评估，并与上一年度体态评估结果进行对比
巩固基本动作模式，发展基本动作技能	将多种基本动作模式组合应用，向基本动作技能发展过渡
平衡能力发展	增加不稳定因素，提高稳定控制难度，开始强化身体位移条件下的平衡能力发展
灵活性发展	进一步巩固和强化关节灵活性，使关节灵活性能够体现在多种具体的运动过程中
核心稳定能力的发展	质心与肢体双动态条件下的核心稳定移动、跳跃条件下的躯干控制等。利用双人或多人游戏强化核心稳定在基本动作技能中的应用
进一步发展速度与爆发力与其他身体能力整合发展	速度、爆发力的运动技能应用（方向变换、反应、敏捷与速度爆发力的结合，基本运动技能与速度、爆发力的结合）
持续运动能力强化	通过练习密度的调控，提高有氧能力，以中高强度控制间歇时间的形式实现。每次课2—3分钟两个单元的专门设计
肌力发展	将肌肉力量与平衡、速度、敏捷结合开展分组游戏或竞技
构建敏捷发展基础	由封闭式练习进阶至开放式，融入认知因素的移动敏捷发展，包括判断、计算等因素

第二章 幼儿体育课程的准备部分与基本部分设计

第一节 幼儿体育课程的准备部分设计

一 幼儿体育教学准备活动设计的主要误区

（一）长期应用一套"万能"准备活动

在幼儿园阶段，甚至小学、中学阶段，虽然有不同的发展目标、学习内容和不同专项技术的特异性，但长期应用单一模式、单一内容的准备活动并不罕见。最为常见的是慢跑和操类形式的准备活动。准备活动的主要功能是为后续教学基本部分的学习创造条件，包括更好的运动表现、更高效的学习过程，以及更低的运动损伤风险。从这个角度看，准备活动设计的依据应该是后续基本部分的具体教学内容。教学目标、功能和内容发生了变化，准备活动也应依此而局部甚至整体性地发生变化。首先，长期应用一套准备活动，以不变应万变的思维对体育教学功能实现和目标达成而言是低效的。其次，长期应用一套准备活动，容易引起幼儿的倦怠感，使幼儿的体育课程参与动机下降，体育教学的效果必然受到影响。

（二）大量低效能游戏或操类的应用

在幼儿体育教学中，以游戏或操类形式开展的准备活动有其先天优势，表现为符合幼儿年龄段的心理特征。情境与音乐通过视、听觉实现的渲染效果，可以更有效地激发幼儿的参与兴趣。从准备活动的功能视角分析，操类尤其是游戏类准备活动难以实现准备活动的基本功能，功能的弱化或丧失使准备活动难以满足体育教学的基本需要。吴升扣等学者研究表明，多数教师在韵律操的设计实践中不清楚不同年龄幼儿具体的动作发展特征，难以针对幼儿体质健康发展、课程功能进行有针对性地专门设计①。因此，游戏和操类可以作为准备活动的局部，但对其占比应该进行一定的控制。准备活动的设计导向为"功能实现"，在此基础上，教师可以创造性地融入趣味因素，但不可本末倒置。

（三）固定准备活动的时间比例

幼儿的体育教学目标主要基于"构建能力"和"发展能力"，两者也是解决当前中国幼儿体质健康问题的核心。因为幼儿尚不具备专项技能学习的基础和条件，所以并不建议在幼儿体育教学中开展专项运动技能教学。因此，体育教学中准备活动可以与教学基本部分在功能上高度融合。长期以来，在幼少儿的体育教学中人为地将准备活动与教学基本部分割裂，形成了准备活动与教学基本内容的彼此孤立，逐渐消融两者间交互作用的情形并不罕见。在幼少儿体育教学中，准备活动可以渐进式地与基本教学内容无缝衔接为一体。在这样的教学理念下，准备活动时间概念被淡化，凸显了逻辑递进条件下的完整性、功能性与实效性。

例如，在以发展幼儿速度与敏捷为目标的体育教学课程中，可以依据幼儿移动所需要的关键肌肉、关节活动度，伴随音乐进行原地的练习，从静态到动态，从舒缓节奏到快节奏，从低关节活动度到高关节活动度，从原地到慢速移动（强调动作模式），再到快速移动（强调神经—肌肉模式）。这种设计思路中，没有明显的课程准备

---

① 吴升扣、熊艳等：《动作发展视角下幼儿韵律性身体活动开展与设计的调查研究》，《北京体育大学学报》2017年第4期。

部分与基本部分划分，整个体育教学过程是流畅的、有逻辑的、渐进性的，淡化了课程不同部分的时间比例等因素。在幼儿或小学低年级的体育教学中，这种理念的应用使教学过程更具整体性，可帮助教师更为高效地实现教学目标。

（四）准备活动核心问题的本末倒置

幼儿体育教学的准备活动包括两个核心词汇"幼儿"和"准备活动"。在幼儿体育教学实践中，过度突出"幼儿"，较少思考"准备活动"功能与目标的问题普遍存在。不同年龄的体育教学和运动训练都离不开准备活动，实现准备活动的基本功能是核心问题。在此基础上，教师通过教学对象的年龄、心理、生理特征对准备活动过程融入适宜元素，提升准备活动的参与度和效能是后续的再加工过程。在幼儿体育教学准备活动中，"点点头""跺跺脚""拍拍手""扭扭腰"等动作占比过大，是重形式轻本质的表现之一。在功能得到保障的前提下，融入挑战、趣味、音乐等元素，才有可能打造出高质量的幼儿体育教学准备活动。

导致以上众多误区的主要原因是，当前幼儿体育教学从设计到实施的全过程中，体育科学参与度较低，幼儿教师的体育教学思维与行为很少以体育科学为依据，在评价时更无法以体育科学为导向。长期在体育教学中凭经验、凭感觉，必然陷入众多误区中而无法自醒。

二 幼儿体育教学准备活动的设计

（一）幼儿体育教学准备活动设计的思路及主要功能

所有教学因素的设计都需要有内涵、有逻辑、有依据。其中，依据依托逻辑，逻辑体现内涵。准备活动的设计需要幼儿教师具有基本运动解剖学和运动生理学基础。然而，学前教育培养体系中，"重文轻武"现象异化严重、格局分裂，使体育成为教育发展的短板[①]，导致了幼儿教师体育学习的广度、深度双重受限。因此，有必要了解幼儿准备活动设计的逻辑（如图2-1所示），其可以有效帮助幼儿教师提高准备活动设计的科学性与实效性。

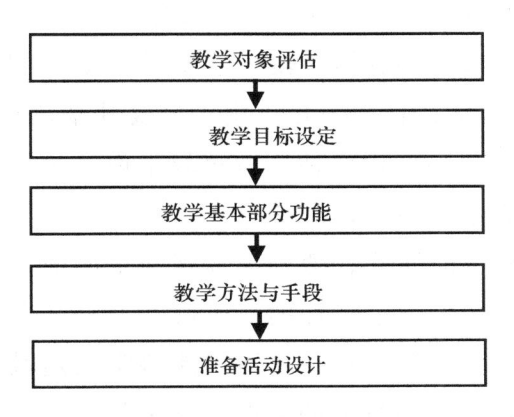

```
教学对象评估
    ↓
教学目标设定
    ↓
教学基本部分功能
    ↓
教学方法与手段
    ↓
准备活动设计
```

图2-1 准备活动设计的宏观思路

1. 教学对象评估

幼儿体育教学准备活动设计的思路起点要从教学对象的体质健康需求出发，这需要教师对幼儿的体质健康现状有基本的了解。了解的途径包括体质健康测试评估，也可以应用国际惯用的、效度较高的测试方法对教学对象进行初步评估，包括成熟的体态评估方法和功能性动作筛查等。这些测试与评估技术是可以通过短期学习初步掌握，并在实践操作中不断总结和提高的。测试和评估只出现在竞技体育领域是对其功能严重的误读。人类有组织、有计划地从事任何活动的第一步都离不开测试、评估或属性相同的其他行为。这明确地向幼儿教师表达了在体育教学的方案设计

---

① 王凯珍、王晓云等：《当前我国幼儿体育的热点现象、问题与建议》，《北京体育大学学报》2020年第5期；郝晓岑：《我国幼儿体育政策分析》，《体育文化导刊》2013年第4期。

前,没有对教学对象的体质健康状态与运动能力有基本的了解,违背的不仅仅是体育教育领域的基本原则,还违背了基本的哲学规律。缺少了测试与评估过程,就缺失了后续系列教学行为的合理宏观目标与总体方向。在幼儿甚至义务教育阶段的体育教学中,惯性思维长期以来主导着体育教学过程。进入21世纪以来,中国幼少儿的运动行为发生了巨大变化,导致其基础体能下降明显。因缺乏对教学对象的客观评估,体育教学内容长期以技能学习为主导,导致了教学效果良莠不齐。

测试与评估帮助幼儿教师更为客观和全面地了解体育教学对象的基本情况,短期教学目标的设定必须充分参考测试与评估结果。即没有测试与评估过程,就不可能科学制定教学目标。而没有适宜的目标作为教学行为的导向,整个教学过程都将变得盲目和低效。

2. 教学目标设定

学者吕晓昌认为,体育教学目标对幼儿体育教学具有极为重要的指导性作用。可以说,教学目标的差异是教学效果产生差异的根本原因[①]。教学目标为体育教学全过程提供了重要依据。目前,中国幼儿教师应用的体育教学目标多为宏观目标(长期目标),实现宏观目标的具体目标(短期目标)体系缺失。而宏观目标的实现,需要以多个短期目标达成的叠加效应为基础。具体目标的缺失导致宏观目标无法实现,成为一纸空头支票。

测试与评估过程是具体目标设定的前提,具体目标即学期目标下的子目标体系。长期目标即幼儿阶段体质健康与运动表现下的学年目标或整个幼儿学龄段目标。两者相辅相成,就形成了一套相对完整和稳定的体育教学目标体系。目前,《体育与健康课程标准》并

---

① 吕晓昌:《中、美幼儿体育教学比较研究》,《天津体育学院学报》2004年第4期。

未涵盖幼儿阶段，意味着幼儿阶段的短期体育教学目标设定完全依赖机构或幼儿教师个体的认知水平，这导致了该阶段无短期目标或盲目构建短期目标情况的发生。合理的目标设定是优质体育教学课程设计的基础。在现有条件下，要求幼儿教师逐步掌握体育教学目标设定的基本原理、内涵和逻辑势在必行，且需要在长期实践中不断探索、总结，逐渐形成科学合理构建目标、实践反馈改进目标、高效精准实现目标的幼儿体育教学基本能力。

3. 教学基本部分功能

对教学基本部分理解的偏差是导致幼儿体育教学实效性受限的重要原因之一。教学基本部分的设计思维起点到底是兴趣还是功能，这个问题由来已久。理论研究领域未对以上问题给予足够的重视，在理论层面没有明确的论断，甚至没有相应的解析。在幼儿体育教学实践领域，以兴趣为起点的教学思维更为普遍，这是典型的认知误区导致的行为偏差。以功能为起点进行教学设计的思维存在于测试评估—目标体系构建—具体教学设计的逻辑框架内，强调教学功能的实现。在课程教学中，以功能实现为第一要义，以阻碍功能实现的因素为首要反思内容，将游戏等动机激励因素视为实现功能的途径。而以兴趣为设计思维起点的教学过程强调幼儿参与的情绪，以快乐地动起来为主要形式，具体怎样动，为什么这样动，则较少深入研究。当前，幼儿体育教学过程普遍以兴趣为起点，此类思维模式一方面无法实现幼儿体质健康的显著提升；另一方面，抑制了幼儿教师在教学中的再学习、主动思维与探索的主观能动性，对教学主、客体的成长都存在诸多不利因素。功能与兴趣在一定程度上为相互依存的关系，但也是对立的矛盾体。幼儿内心排斥的体育教学方式，即便具备良好的功能性，其效益也无法发挥。教学方式能够极好地激发幼儿的兴趣，但其设计功能不能解决幼儿体质健康问题，不能有效发展幼儿阶段需要的多维身体能力，显然有悖于幼儿体育教学的基本目标。幼儿教师必须基于幼儿健康、身体教育、未来运动发展等视角，客观且理性地看待两者及两者之间的关系，并在教学中明确何为核心与基础，何为形式与途径。

4. 教学方法与手段

教学方法与手段是实现教学功能的具体载体。教学方法与手段的设计应用、控制过程需要教师具有较高的专业理论水平和实践操作能力，以及在两者交互作用下长期形成的专业认知。目前，体育专业学生进入幼儿教育体系的比例较低，具有学前教育专业学习背景的教师仍然是幼儿体育教育的主要实施者。

学前教育专业中的体育教学部分学习时间短、课时少、缺乏实践操作，其培养过程难以满足当前中国幼儿体质健康问题突出背景下的体育教学要求。这也正是针对性研创幼儿体育教学体系的价值所在。在本书的体育教育体系构建中，基于运动生物力学、运动解剖学、生理学等学科视角，结合幼儿体育教学目标与功能两大要素，对所有的教学手段进行深入的剖析，旨在提升教师依据目标与功能选择方法与手段，高效应用方法与手段的能力。

基于教学目标达成需要实现的教学功能，选择教学方法与手段后，准备活动的设计就有了具体的线索和依据。从以上设计思路可以看出，幼儿体育教学的众多因素都有其内在联系和内在逻辑。

5. 准备活动设计

准备活动设计处于体育教学逻辑链的终点，不能因其发生在体育教学课程的前端而认为准备活动的设计处于起点位置。准备活动的设计依据为体育教学基本部分所采用的具体方法、手段。有了逻辑链，幼儿教师才能清晰地认识到准备活动"从何而来"，才具备了科学合理设计准备活动的基本条件，准备活动的设计就像树有了

"根",水有了"源",摆脱了盲目设计准备活动或一套"万能"准备活动应用于所有体育教学的低效行为。

(二)准备活动的主要功能

1. 幼儿体育教学准备活动的功能与要素概述

美国国家体能协会(NSCA)认为,准备活动需要实现以下功能:①加速主动肌与拮抗肌的放松和收缩;②改善力量与时间比率;③改善肌肉爆发力;④降低肌肉和关节的黏滞性;⑤增加氧气输送(温度升高,血液中会释放血红素和肌红蛋白);⑥增加肌群血流量;⑦淡化代谢反应;⑧增强心理准备[①]。虽然以上准备活动的功能描述主要针对的是竞技体育运动员,但从幼儿体育教学目标、方法与手段视角看,以上功能的主体依然适用于幼儿体育课程。对幼儿教师而言,在设计中对以上变量进行控制难度较大。针对幼儿,本体系构建依据NSCA的准备活动功能提炼了若干准备活动要素,教师可以根据幼儿体育教学的总体目标,以及课程教学的具体内容,对准备活动要素的不同比例进行调配,可有效提高幼儿教师准备活动设计的科学性与针对性,为幼儿教师体育教学的准备活动设计提供了依据和参考,降低了准备活动设计与操作的难度。

在幼儿准备活动设计中,不论是操类、游戏类,还是其他形式,都需要依据课程教学内容重点实现以上部分要素功能。对要素特征的概括性描述,使幼儿教师能够更直观、更清晰地了解其内涵(如图2-2所示),提高了理论—实践转化的效果。要素的选择依据幼儿体质健康发展需要,以及多维身体能力发展需要。幼儿教师在确定具体的教学内容后,可以根据具体教学方法与手段对平衡、控

[①] [美] G. 格雷戈里·哈夫、N. 特拉维斯·特里普利特主编:《美国国家体能协会体能教练认证指南》,王雄等译,中国工信出版集团、人民邮电出版社2021年版,第344页。

制、关节活动度、心血管系统和神经—肌肉系统提出的相关要求，进行要素的选择与应用。例如，在幼儿平衡能力发展课程中，依据平衡教学手段对幼儿身体提出的相关要求，教师可重点选择基本动作模式、控制和平衡稳定要素进行准备活动设计。而在以爆发力能力发展为目标的课程中，教师可选择神经—肌肉激活、基本动作、平衡稳定等要素进行准备活动设计。

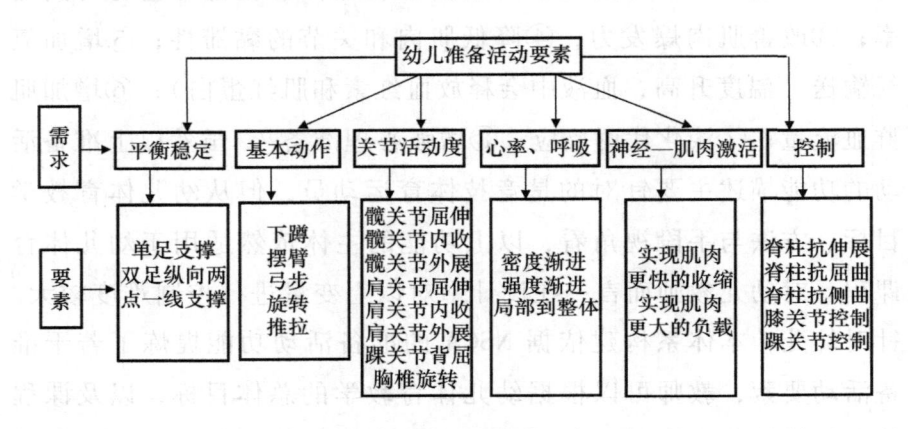

```
                    幼儿准备活动要素
         ┌────┬──────┬──────┬──────┬──────┬──────┐
需求→  平衡稳定  基本动作  关节活动度  心率、呼吸  神经—肌肉激活  控制
         │      │       │        │         │           │
要素→  单足支撑  下蹲    髋关节屈伸  密度渐进  实现肌肉    脊柱抗伸展
      双足纵向两 摆臂   髋关节内收  强度渐进  更快的收缩  脊柱抗屈曲
      点一线支撑 弓步   髋关节外展  局部到整体 实现肌肉    脊柱抗侧曲
                旋转   肩关节屈伸           更大的负载  膝关节控制
                推拉   肩关节内收                      踝关节控制
                      肩关节外展
                      踝关节背屈
                      胸椎旋转
```

图 2-2 幼儿体育教学准备活动设计要素

2. 准备活动中多维度功能的提取

在准备活动中，因时间等客观条件的限制，教师无法依次将所有要素全部体现。为了实现准备活动的多维度功能，需要在一个手段中体现出多个要素，即单位时间内的功能整合。例如，单足支撑地面下蹲的动作，因单足支撑触发了多个维持平衡的肌肉参与，体现了准备活动的平衡要素，在此基础上下蹲，体现了基本动作模式要素，因相同条件下单足下蹲需要比双足下蹲调动更多的运动单元参与完成伸膝、伸髋动作，体现了臀肌、股四头肌的激活效应，即该动作实现了平衡稳定、基本动作和神经—肌肉激活三个准备活动功能。只有通过多因素的设计理念，才能在单位时间内高效实现更多的准备活动功能，符合幼儿体育教学时间

短、任务重的客观实际。需要再次强调的是，从依据教学内容进行准备活动要素的提取和应用过渡至准备活动多维度功能的设计，需要大量体育科学领域理论的应用。只有依据体育科学构建幼儿体育教学的完整体系，并将体系应用于幼儿体育教学，幼儿教师才有可能感受到体育科学理论的重要性，并在"需要理论"和"应用理论"中不断提升教学能力。

3. 基于幼儿体质健康视角的准备活动功能

有了准备活动的基本素材，并了解了素材的来源与功能，需要幼儿教师通过一定的载体将若干要素串联，最终形成完整的准备活动体系。如果单独对这个体系进行审视会发现，准备活动本身就具备了提升幼儿体质健康水平的功能。在学校体育教学中，对准备活动的认知始终停留在为后续的基本部分教学进行准备的角色中。事实上，优质的准备活动设计功能远不止于此，在准备活动中发展力量、发展柔韧、发展神经—肌肉协调性、发展平衡能力和心血管机能是完全可以实现的。这个观点与前已述及的准备活动时间概念异曲同工，如果能够打破准备活动功能的认知局限，体育教学过程的单位时间内创造的价值会显著提升。

第二节 幼儿体育教学基本部分的设计

早在20世纪90年代，潘浩翰和刘育明等学者就曾指出，幼儿教育工作者虽然对体育教学的理论与实践进行了大量的研究和探讨，但有关的研究大多集中于幼儿体质健康调查和体育活动的设计等方面。时至今日，仍未形成体系化的幼儿体育教学理论，更多学者关注的是宏观政策和幼儿体质健康现状，普遍为起点（宏观政策）与终点（体质健康监测结果）的研究，而起点与终点之间的过程性研究、实践性研究则极为匮乏，导致了改善幼儿体质健康的具体路径、策略、理念、方法、手段至今仍不明晰。

解决幼儿体质健康问题，提升幼儿体质健康水平，每一次体育教学课程的积累是核心。而提升体育教学质量具体方略的缺失，导致当前幼儿体育教学走了很多弯路，陷入了很多误区。应该拨开经验主义的障眼纱，重新审视体育教学课程的要素，为所有体育教学中的设计和行为找到科学依据。

一 幼儿体育教学基本部分设计的主要问题

（一）体育教学目标的缺失

目标缺失将对幼儿体育课程的基本效能造成严重影响。目标为体育教学内容、方法提供了明确的方向。没有目标作为导向，体育教学就像大海中失去坐标的船只。

教学目标明确了各年龄段幼儿应该发展什么，教师根据目标，以体育课程为载体，思考通过何种方法、手段实现目标。短期目标依托总体目标，课程内容设计依托阶段性目标，课程效果的评价也同样需要依托阶段性目标。当前，在幼儿教育理论研究领域，有将幼儿教学目标"妖魔化"的论调，认为幼儿阶段的教育过程不应该制定目标，制定具体的教学目标有幼儿教育小学化、应试化的嫌疑。其实，目标的设立可以上升到哲学层面进行思考，人类所有系统的、有逻辑的行为必然需要依托目标，从国家战略到个人发展无不如此。没有了目标引导下的具体行为导向，一切教学过程都将丧失系统性，体育教学解决体质健康问题的基本功能也就无从谈起，因为解决问题本身就是核心目标之一。但幼儿与中小学体育教学的目标设计有着显著的区别，幼儿体育教育强调更多的是发展性目标，而非具体的可量化的指标（见表2－1）。

表 2–1　　　　　　　　　健康领域学习与发展目标

领域	子领域	目标
健康	身心状况	具有健康的体态
		情绪安定愉快
		具有一定的适应能力
	动作发展	具有一定的平衡能力，动作协调灵敏
		具有一定的力量和耐力
		手的动作灵活协调
	生活习惯与生活能力	具有良好的生活与卫生习惯
		具有基本的生活自理能力
		具备基本的安全知识和自我保护能力

资料来源：转引自《3—6 岁儿童学习与发展指南解读》。

表 2–1 为《3—6 岁儿童学习与发展指南解读》中对健康发展目标的描述。"目标"明确了幼儿阶段应重点发展的身体能力。发展目标不同于指标，指标往往具有鲜明的量化特征，量化就意味着具有了一定的应试色彩。对幼儿教育中目标设定的排斥，是混淆了发展目标与量化指标概念的结果。在各年龄段的体育教学中，普遍认为量化指标相对于发展目标更易于对比分析和进行"可视化"的教学评价。事实上，发展目标同样可以依托其发展过程的纵向比较进行教学评价。中学体育教育的指标与测试是一把尺子丈量所有学生，幼儿体育教学需要的则是每人一把尺，一尺量一人。在发展目标下，个人不同阶段身体能力的发展变化，是完全纵向比较的评价。这种依托目标的评价方式具有重要意义，是教师教学反思和教学能力提高，以及建立正确教学评价观的基础。也可以说，目标是解决体质健康问题、发展多维度身体能力与具体教学行为之间的桥梁。如果在纵向比较中，幼儿身体能力发展率和发展幅度都不理想，就需要对体育教学过程进行反思。当前，因缺乏体育教学的具体目标，或

目标建立缺乏对幼儿体质健康与生理、心理特征的考量，体育教学过程多凭借的是教师的自主经验。综上所述，目标并不是不可以量化，数据是最为客观和直观的教学效果反馈，与带有应试色彩的指标数据不同的是，发展目标的数据可作为教学效果评价和反馈的依据，而这种评价和反馈为教师教学水平提升构建了最为重要的平台。

（二）教学方法与手段原理的缺失

《幼儿园工作规程》明确指出"体育在教育领域、孩子的成长过程中占主导地位，是幼儿全面和谐发展的一个重要组成部分，是实现教育目的的主要手段"①。对南京高校学前教育专业学生体育类课程设置的调查显示，体育课程占总课程量的 4.9%—5.2%，部分高校体育类课程学分只占总学分的 2.4%。而美术、音乐及教育类相关的课程所占课时、学分比重较大②。首先，高校学前教育专业人才培养距离《幼儿园工作规程》中体育的相关要求显然存在差距。不仅如此，短期走马观花式的体育学习过程导致了学前教育专业学生对幼儿体育教育的认知水平和实践操作能力不足，难以在幼儿体育教学中整合知识，普遍出现了在不清楚基本原理的情况下应用教学方法与手段的情形。其次，有部分从事学前教育专业体育教学工作的教师非科班出身，这无异于在学习量不足的情况下雪上加霜。在体育教学中，没有一个单一的知识点能够发挥效能，解决实践问题。即便一个教学手段的设计，也往往需要对多个学科的系列理论加以整合并进行应用。高校学前教育对体育的短视、轻视是导致幼儿教师不能科学应用体育教学方法、手段的重要因素之一。

当前的理论研究未能下潜至微观层面，导致了涉及体育教学具

---

① 中华人民共和国教育部：《幼儿园工作规程》，中国政府网（http://www.moe.gov.cn/gongbao/content/2016/content_5067918.htm）。

② 杨东：《南京高校学前教育专业学生体育教育职业能力调查与研究》，《冰雪体育创新研究》2020年第10期。

体方法与手段的资料无从查找,难以对幼儿教师的体育教学实践操作形成影响。而学前教育专业学生在就业后的再学习中,宏观理论、政策层面的学习仍占主导地位,具体的体育教学方法、手段,即体育实践操作类学习相对匮乏。以上因素的综合效应,导致了幼儿体育教学中,方法与手段原理的缺失。在不了解原理的情况下应用方法与手段,意味着教师在教学中更多地依靠个人感觉、个人喜好和个人经验,教学的科学性与有效性无从谈起。

二 幼儿体育教学基本部分内容的设计思路

幼儿体育教学基本部分的内容是如何设计的,依据是什么,类似问题一直以来困扰着幼儿教师。很多幼儿教师有强烈的学习欲望,却苦于找不到资料。一节体育教学课基本部分的构建,到底应该从哪些因素着手进行思考,它们之间又存在哪些内在联系。教学设计的针对性与科学性,很大程度上取决于对以上问题的分析和阐释,表2-2中描述的系列分析过程,部分解释了上述问题。

表2-2　　　　幼儿体育教学课程基本部分的分析因素

分析因素	目的
健康问题与身心发展分析	为目标制定提供依据
幼儿身体、心理特征分析	
目标分析	目标科学性评估 目标调整与改进
方法与手段功能分析	方法、手段的功能与效果评估 方法、手段的改进与调整
应用场景(场地)、器材等客观条件分析	最大化利用客观条件实现目标

(一) 健康问题与身心发展分析

问题分析为目标设定提供了线索和依据。中国幼儿体质健康现状的研究较为丰富，每年的国民体质健康监测幼儿部分也能为教学宏观目标的设定提供可靠数据。体育教学的首要目标是解决幼儿体质健康中普遍存在的共性问题。当前幼儿体育教学的主要问题是，过度地开发了体育教学的延伸与拓展功能，未能发挥出体育教学的基本功能与核心功能。在学生存在多种体态问题、身体素质与机能较差的前提下，通过体育教学强调精神与心理教育，颠倒了主次、混淆了逻辑。因此，围绕中国幼儿现阶段体质健康问题进行目标设定是解决问题的起点。这同时要求幼儿体育教育工作者必须充分理解体育的独有价值和共有价值，发挥体育的独有价值，即身体教育，才有可能解决幼儿身体层面的问题。

（二）幼儿身体、心理特征分析

1. 幼儿身体特征分析

幼儿体育教学不能照搬中、小学体育教学的思维和理念。幼儿的身体与心理具有明显的特异性。没有对3—6岁幼儿身心特点进行深入、全面的了解，就不可能提出精准的、客观的、可操作性强的体育教学目标。宏观目标的偏差，意味着阶段目标以及为目标服务的方法与手段失效，甚至会给幼儿带来身体伤害。

在以往体育教学课程的学情分析中，很少能够看到基于幼儿生理学和解剖学的分析。更多的分析词汇为"活泼好动""好奇心强"等表面特征和心理特征的描述，且一节体育教学课程内容的学情分析，几乎适用于所有类型、内容的体育课程。是否建立了幼儿身体特征与教学内容之间的联系，是评价教学手段、负荷、组织形式是否适宜的重要标准。幼儿身体特征分析的缺失在源头上抑制了体育教学目标设定的科学性。不了解教学对象的身体，如何对教学对象的身体进行教育？

2. 幼儿心理特征分析

再好的教学设计，再丰富的教学功能，幼儿不接受，或接受度低，其功能都无法高效实现。首先，在课程手段的选择与应用上，要充分分析幼儿阶段的心理特征。相对于中、小学，幼儿阶段的体育教学难度更高，这个难度并非体现在组织管理的难度上。中、小学，尤其是中学的体育教学中可以应用"刻意练习""刻意注意""刻意努力"，实现动作从泛化到自动化的过程或身体能力的发展。但是，幼儿的认识活动以无意注意为主，注意力不易集中，3岁幼儿注意力一般仅能维持3—5分钟[①]，结合幼儿阶段的心理特征，中、小学体育教学思维的有效性被屏蔽，实现体育教学的有效性就必须另辟蹊径。充分利用幼儿的好奇心、探索欲、模仿能力，利用合理的情境设计和手段变量控制（运动持续时间、强度、组合方式等）可规避或降低幼儿注意力集中时间短等不利于体育教学因素的影响，同时可以在一定程度上延长幼儿的注意时间，而这种效能可以被迁移至幼儿其他能力的发展中。

其次，在实现体育教学基本功能的前提下，教学内容的设计应充分考量幼儿的心理构建需要。心理问题并非成人专属，3—6岁幼儿也会不同程度地存在心理问题。学者刘艳研究认为，幼儿的心理健康问题往往表现为羞怯、胆小、自私、任性、冷漠、自卑、焦虑、孤独、多动、不合群、不会与人沟通交流和攻击性行为[②]。有了以上对幼儿主要心理问题的认知后，在体育教学的基本部分手段设计中，可以融入心理建设和心理问题解决的元素。如何通过团队协作实现组织的高效运转（克服自私，学会合作），如何在竞争中给予同伴支持和帮助（克服冷漠），如何在同伴和教师的鼓励下挑战自我（克服胆小），如何通过自身努力完成任务，积累自信（克服自卑）。幼儿的心理问题认知为体育教学手段的拓展功能有针对性且精准地实

---

① 张旭敏：《河南省幼儿体育课程合理化设置分析》，《体育科技文献通报》2014年第9期。
② 刘艳：《幼儿心理健康问题及其影响因素分析与应对》，《学前教育研究》2015年第3期。

现创造了条件。

（三）目标分析

体育教学是一个庞大的系统工程，目标的建立必然以体系化的形式出现。首先建立幼儿阶段体育教学的总体目标，以总体目标为依据，构建不同年龄（年级）的子目标，再根据子目标进行阶段目标的制定。幼儿体育教学的课程教学内容需要以阶段目标为导向来思考实现目标需要应用哪些方法、手段和器材。幼儿体育教育的"技术含量"极高，幼儿体育教育过程并非简单的运动或玩耍，然而仅通过视觉观察容易形成这样的错觉。目标分析过程，以及目标实现需要幼儿教师具有庞大的知识体系支撑。不论是解决体质健康问题，还是发展身体能力，或是幼儿的心理能力构建，都需要制定目标并对其进行分析、调整，使体育教学过程形成完整闭环，并在循环中实现理论与实践的发展。

（四）方法与手段功能分析

方法与手段功能分析主要基于运动解剖学、运动生理学、运动生物力学和运动心理学等学科知识、观点的整合。体育教学课程是目标实现的载体，而教学方法与手段是直接连接教学主客体的纽带。在体育课程中，最基本的构成即教学方法与手段，方法、手段的分析对课程质量、课程科学性和有效性至关重要。从另一个视角看，目标体系下的系列分析过程，尤其是方法与手段分析，有助于幼儿教师提高再学习动机，有利于幼儿教师形成持续学习、实践的工作态度，并在不断的学习与实践交互作用下，实现业务能力的持续提升，帮助教师突破教学方法与手段简单模仿的惯性思维。同时，在方法与手段的分析中，明确了体育教学怎么做和为什么这么做等决定教学效能的关键问题。

（五）应用场景（场地）、器材等客观条件分析

利用现有器材、场地合理进行方法与手段设计是幼儿教师教学

能力的重要体现。目前，中国城乡幼儿园的硬件水平仍有较大差距①。农村幼儿园和大部分民办幼儿园经费普遍未能纳入公共财政体制②。体育教学硬件条件在一定程度上影响着体育教学质量，然而器材的缺失与中国幼儿当前的体质健康问题之间并不存在必然联系。场地器材是方法、手段应用的必要考量因素。这里涉及了两种体育教学思维，其一，以场地、器材等硬件为基点，思考在现有条件下可以应用哪些体育教学方法、手段。其二，以目标为基点，思考如何利用现有硬件，依托方法与手段实现目标。后者将场地、器材分析融入体育教学体系，是一种因素链的分析，而前者是点对点的分析。基于两种分析过程的教学效果截然不同，这再次印证了目标设立与目标分析的重要性。

---

① 张铭、李森等：《我国城乡幼儿身体素质发展水平比较研究》，《体育文化导刊》2012年第12期。
② 王凯珍、谢晨燕：《城市幼儿园体育器材现状、问题与对策：以北京市朝阳区为例》，《首都体育学院学报》2014年第4期。

第三章 幼儿体育教学中身体能力的构建

第一节 幼儿平衡能力构建

一 幼儿发展平衡能力的意义

（一）平衡能力发展对幼儿体育活动的重要意义

平衡是人在动态或者静态条件下维持一定身体姿势的能力，特别是在较小的支撑面上控制身体重心的能力[①]。平衡能力是高质量运动技术表现的基础，幼儿期是平衡能力构建的黄金期。神经系统的发展早于骨骼、肌肉系统。在婴儿期，神经系统即进入高速发展阶段，这种高速发展的趋势可持续至学前教育结束。

平衡能力的构建需要一定的肌肉力量作为基础，但在针对性的平衡发展练习中，更多刺激的是神经系统，尤其是感知与反馈层面。通过感知与反馈机制的优化，平衡能力发展实现了运动调节功能的改善。专项运动多由多关节、多肌肉在不同的时间与空间内完成。运动中需要通过视觉以及本体感觉系统不断进行信息反馈，平衡能力的发展能够使信息的反馈变得更迅速、更精准。这直接影响着肌

---

① Karlsson A., Frykberg G., "Correlations between Force Plate Measures for Assessment of Balance", *Clinical Biomechanics*, Vol. 15, No. 5, May, 2000, pp. 365–369.

肉进行身体姿势与关节位置调节功能的发挥。在任何运动中，肌肉力量的发挥必须依托合理的身体姿势，即正确的运动生物力学。平衡能力发展对幼儿未来的专项运动生物力学合理化的可塑性有着重要的影响。

研究显示，姿势调节和身体平衡需要前庭系统、本体感觉系统和视觉系统协同完成，平衡能力的强化对神经系统的发展具有直接影响[1]。平衡能力发展更好的幼儿，在运动技能的学习与控制方面往往有着更优的表现，平衡能力的发展优势缩短了运动技能学习的泛化过程，意味着能够更为快速地进入技能学习的自动化阶段。幼儿处于神经系统发展的敏感期，通过平衡能力的针对性训练，刺激神经系统发展，对神经—肌肉控制及姿势控制基础构建意义重大。与力量能力发展的生物适应短效性不同，神经系统的发展具有较高的稳定性，幼儿阶段的相关能力构建有助于长期的运动技能习得和运动表现发展。这意味着平衡能力的发展辅助性地夯实了技能学习基础，以及爆发力的练习与提高基础和力量在运动中的表现基础，以上因素是幼儿发展平衡能力的核心价值。对幼儿平衡能力发展核心价值的忽视，是导致义务教育阶段运动技能学习障碍的重要原因之一，从而间接对运动兴趣和终身体育产生影响。

平衡能力也是预防运动损伤的关键。美国学者 Gray 研创的 Star Excursion Balance Test（SEBT），以及改进后的 Y-balance test（YBT）都是经典的，且为应用广泛、效度较高的平衡能力测试手段，可用于评估运动损伤与疼痛的潜在风险。在功能性动作筛查（FMS）设计中，也蕴含了平衡、稳定因素。幼儿运动强度、专项运动参与显著低于青少年和成年，以上因素是幼儿平衡能力与运动损伤、疼痛，

---

[1] 姜桂萍、纪仲秋等：《动作发展视角的韵律性身体活动对3—6岁幼儿静态平衡能力的影响》，《中国运动医学杂志》2016年第9期。

运动表现关系研究匮乏的主要原因之一。但是，不能否认平衡能力对幼儿的重要性，更不能否认在神经系统高速发展的幼龄阶段，平衡能力构建与发展的缺失将导致幼儿在未来的运动技能学习与身体锻炼中，损伤与疼痛风险指数的提升。爆发力是多数主流运动项目需要的核心竞技能力，也是不同年龄体质健康测评的核心指标。而平衡能力是爆发力表现的重要限制因素，即平衡能力发展难以带动爆发力水平的提升，但不佳的平衡能力会严重限制敏捷和其他单腿支撑运动中的爆发力表现。

通过以上论述可以看出，平衡能力构建对幼儿运动能力发展的重要价值主要体现在预防运动损伤和提高运动表现两个层面。因此，平衡能力的构建与发展在幼儿体育教学中属基础与核心地位。平衡能力的发展应先于其他身体能力的发展，其他身体能力的发展在平衡能力缺失的条件下会受到严重制约。

（二）平衡能力发展对幼儿心理发展的重要意义

平衡能力的相关练习虽然可以以游戏的形式出现，但是往往缺少集体游戏中幼儿所体现的欢快与激情，其与传统的体育游戏在心理构建功能层面有着不同的价值。平衡能力发展类练习融入了"挑战性"因素，幼儿会经历惧怕挑战—面对挑战—挑战失败—能力提高—赢得挑战的过程，在不断进阶的不同练习手段中，幼儿多次的循环练习不仅经历了平衡发展的进阶过程，也实现了心理发展的进阶过程，逐渐培养了幼儿敢于面对挑战的精神。随着平衡练习的积累，幼儿将通过不断分析、判断和总结吸取失败教训，积累成功经验。

平衡练习不属于激情四射的情绪外放式练习。恰恰相反，练习中强调高度集中注意的"静心"状态。这种状态与幼儿当前或未来的文化学习核心素养要求高度匹配。幼儿体育教学中平衡练习过程需要幼儿进行多维度的控制，包括肌肉的工作感觉、动作的幅度、动作的速度、呼吸、多关节的不断调节，教学练习的大部分时间都是在"平心不静气"的内在心理环境中完成。幼儿体育教学不仅需要音乐和激情，也需要在注意力高度集中的"静心"状态下完整地练习，体育教学与运动训练都应该是"动静相宜"的。通过平衡练习，使幼儿非刻意地更长时间地集中注意力，并未违背幼儿阶段心理特征。相反，适宜地满足了幼儿适应未来学习的基础心理发展需求。其特点在于，通过挑战性或教师设计包装后的趣味性强化了幼儿的参与动机，幼儿在无意识条件下，提升了注意集中的时间。3—6岁是幼儿注意发展的敏感期，通过体育活动强化幼儿注意的集中性与稳定性是实现体育教学拓展功能的重要体现。

二 幼儿平衡能力构建、发展中的认知与操作误区

在幼儿的平衡能力发展中长期存在这样的认知误区，即将走平衡木等同于发展平衡能力，或将走平衡木等同于平衡能力测试。走平衡木在幼儿体育教学中的高频率、高密应用对幼儿平衡能力的发展作用有限。应该清晰地认识到构建能力与持续发展能力有本质区别。其一，走平衡木难以实现练习强度（难度）的有效进阶；其二，走平衡木主要刺激躯干稳定，对于幼儿构建运动能力基础，以及预防运动损伤所需的膝、踝关节稳定能力构建作用有限。有效的平衡能力构建应该能够使膝、踝关节附着的肌肉、肌腱、韧带及神经充分参与。幼儿的习惯性踝关节扭伤、运动中的膝关节疼痛及踝、膝关节的稳定性不足是导致上述问题的重要原因。因此，平衡能力的构建应从解决问题与全面发展两个视角出发，建立在基本能力分层教学和有效进阶设计的基础之上，平衡木作为平衡能力强化的练习手段难以满足以上条件。

三 幼儿平衡能力构建与发展的基本动作要求

平衡能力的构建、发展手段中，多数需要在膝关节屈曲与踝关节背屈的状态下完成。因此，应首先建立幼儿膝关节上——股骨，与膝关节下——胫骨，以及足踝的合理力线排列。这既是提升练习效率的基础，也是辅助构建正确基本动作模式的关键。在有屈膝、屈髋和由此导致的踝关节背屈动作时，不论是静态的还是动态的练习，都应该强调膝关节在踝关节正上方这一基本动作要求。下肢力线的排列，影响的不仅是平衡能力的发展，其也将会对下肢承受作用力的所有运动形式产生影响，是跑步、跳跃等生活及多种运动中的基本元素。平衡能力构建、发展的练习与游戏、运动中，幼儿在多数场景下均为单足支撑模式，下肢力线排列的问题在单足支撑且膝关节屈曲条件下被进一步放大，会对幼儿关节造成伤害，并埋下幼儿未来身体素质与机能提高后，参与运动时膝、踝关节疼痛、损伤的隐患。同时，幼儿教师要认识到，进阶并不是幼儿体育教学的永恒主题，必要的退阶、分层练习对提升幼儿体育教学的有效性和针对性是非常必要的。因此，当部分幼儿无法达到基本技术相关要求时，教师可以采用直膝状态练习或较大膝角的静态、动态练习，即通过退阶的方式帮助幼儿构建正确的平衡能力练习的基本动作。

四 幼儿平衡能力构建与发展的进阶过程

（一）进阶单元一

1. 单腿站立练习

幼儿双臂自然伸展至体侧，单足支撑地面，非支撑足距离地面约10—20厘米。在该状态下保持10—20秒。在保持阶段，幼儿可通过上肢在不同方向，以及肘关节屈伸，来调节身体重心，控制重心偏离垂直轴的范围，实现相对的静态稳定。在练习过程中，幼儿开始建立对身体位置的感知，通过神经系统反馈实现上肢及躯干对平衡的干预，静态练习实现了多肌群的参与、配合，包括了膝关节、踝关节、髋关节、脊柱及上肢。当幼儿具备了该姿势条件下的平衡能力基础，可以尝试关闭视觉的平衡反馈，进一步增加维持平衡的难度（如图 3-1 所示）。

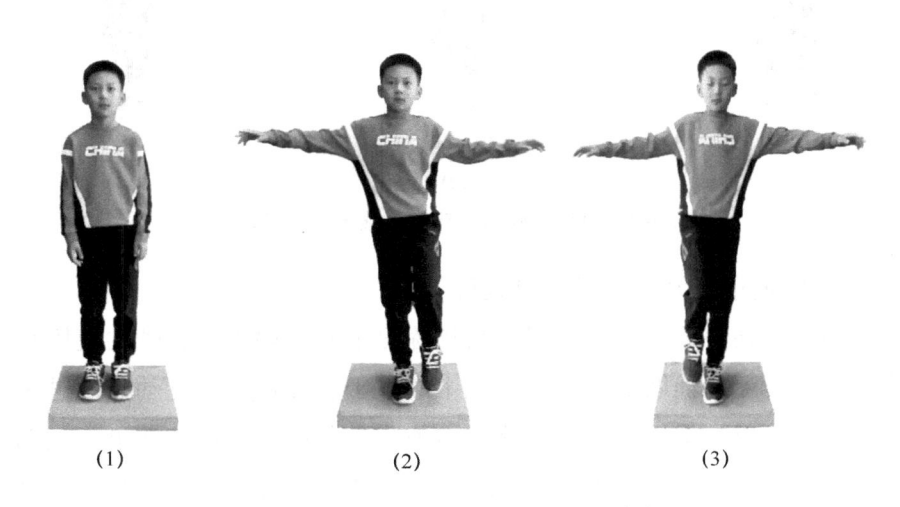

图 3-1 单腿站立练习系列分解动作

2. 原地单腿站立双手叉腰

当幼儿在原地单腿站立练习中躯干偏离垂直轴的范围越来越小，上肢辅助平衡过程中的摆动及肘关节屈伸的幅度越来越小，且频次越来越低，可以进阶至双手叉腰的上肢封闭状态练习。上肢是原地站立的"平衡器"，将调节平衡的"平衡器"关闭，意味着提高了平衡练习的难度，对躯干的神经—肌肉反应提出了更高的要求。相同的动作要求，教师可以通过间歇性的关闭视觉进一步提升该练习的难度，如图 3-2（3）所示。可以要求幼儿一秒闭眼—两秒睁眼，每组进行 5—10 个循环的练习，即 15—30 秒为一组。

图 3-2　原地单腿站立双手叉腰系列分解动作

3. 原地单腿站立双手叉腰提膝

当幼儿在原地单腿站立双手叉腰练习中躯干偏离垂直轴的范围越来越小，无上肢辅助平衡练习过程中的躯干愈加稳定，晃动频次越来越低时，可以要求幼儿的非支撑腿髋关节充分屈曲并保持在最大屈曲位上，进行稳定的静态练习，如图 3-3（2）所示。非支撑腿上抬的

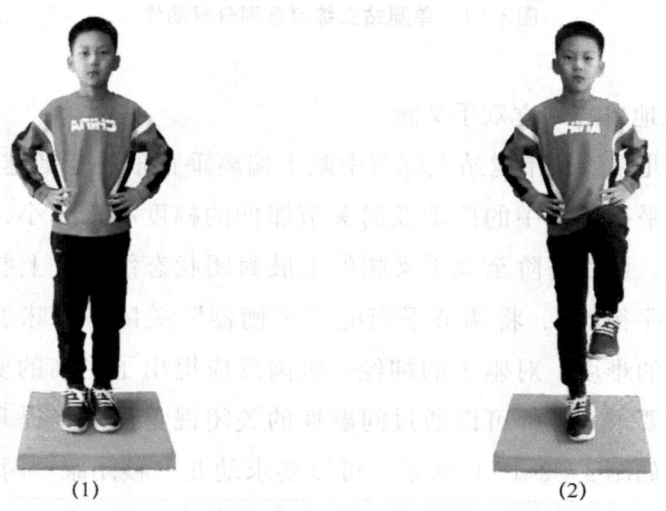

图 3-3　原地单腿站立双手叉腰提膝系列分解动作

屈髋动作进一步增加了维持平衡的难度。在维持该动作时，质心有可能会出现一定程度的前旋，在该情况下，幼儿躯干背链肌肉会参与维持平衡。更多的肌群，如屈髋肌、躯干背链肌加入了维持平衡的工作，对神经—肌肉协调能力形成了更为有效的刺激与强化。

4. 原地单腿站立叉腰提膝股骨水平面摆动

当幼儿在原地单腿站立双手叉腰提膝练习中躯干偏离垂直轴的范围越来越小，躯干摆动幅度越来越小，频次越来越低，且能够在20秒内稳定控制屈髋幅度时，可以进阶至动态平衡性练习。动态平衡练习中，融入了自身肢体破坏自身平衡的因素，增加了神经—肌肉系统维持平衡的刺激。很显然，该练习需要以进阶前一练习构建的平衡能力和长时间维持屈髋幅度能力作为基础条件。否则，股骨难以在水平面进行摆动。在练习中，要求幼儿先将大腿抬至水平后，缓慢增速地进行髋关节外展与内收的往复循环，如图3-4（2）所

(1)　　　　　　　　　　　(2)

图3-4　原地单腿站立叉腰提膝股骨水平面摆动系列分解动作

示。因股骨在水平面的摆动，躯干会进行平衡代偿，向股骨相反的方向转动，而下肢会随股骨摆动向相同方向转动，人体"核心"位置的动作，引起了上下两端的不稳定，提高了幼儿平衡控制的难度，对神经—肌肉控制提出了更高的要求。根据幼儿水平，可将练习设置为2—5个循环为一组。

5. 原地单腿站立叉腰提膝胸椎旋转

该练习难度略高于练习4。该练习是在练习4的基础上，增加了双手叉腰姿态的胸椎旋转，因为胸椎旋转过程中，涉及了更为明显的头颈旋转，头颈旋转增加了视觉，以及前庭器官的干扰（如图3-5所示）。这些干扰将对维持平衡的神经—肌肉系统形成更强烈的刺激。因此，在该因素上进一步增加了维持平衡状态的难度。

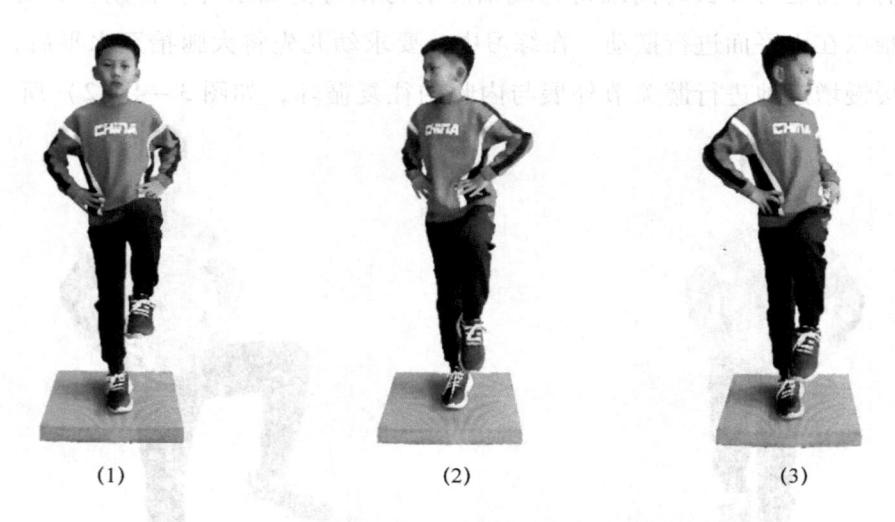

(1)　　　　　　　(2)　　　　　　　(3)

图3-5　原地单腿站立叉腰提膝胸椎旋转系列分解动作

（二）进阶单元二

幼儿在小班阶段一年的平衡练习中构建了一定的平衡能力基础，在平衡能力基础构建条件下，可以将平衡能力与其他能力融合进行多维能力的强化与发展。在本教学体系中除专门针对平衡能力提升的手段外，也有同时实现爆发力发展、动作模式构建与平衡发展等多维功能的手段。在针对性练习及复合性练习的有效提升中，幼儿平衡能力在中班阶段需要通过进一步的进阶练习持续提升。在中班、大班的练习中，可以使用安全便携的器材——平衡垫进行练习。其价格低廉，练习效果显著，在幼儿体育教学中具有较高的"性价比"。

1. 平衡垫半蹲起

幼儿单足踩于平衡垫上，双手叉腰，做半蹲练习（如图3-6所示）。该练习除平衡外，涉及了蹲的基本动作模式的学习。平衡垫蹲起也涉及多关节、多肌群、多任务，练习中踝关节周围肌群、髋屈、伸肌群，以及躯干稳定肌群都在相互配合完成复合性的控制过程。

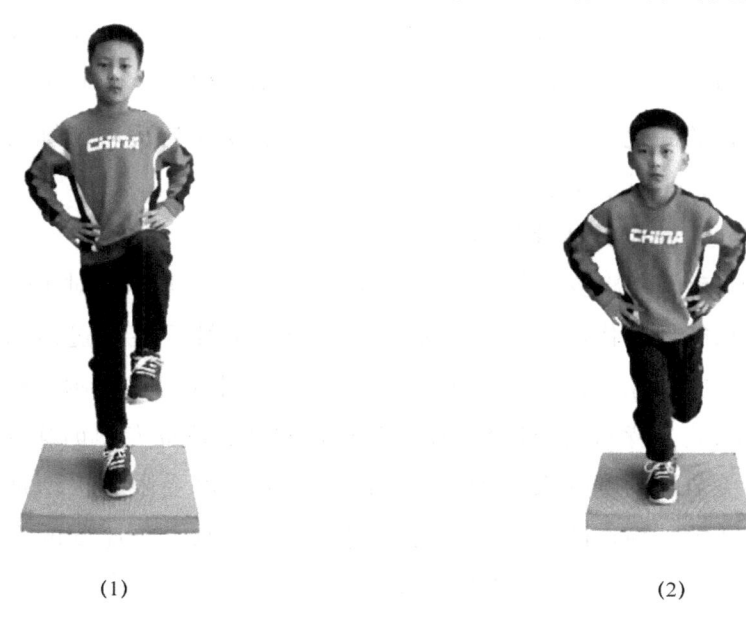

(1)　　　　　　　　　　(2)

图3-6　平衡垫半蹲起系列分解动作

在幼儿体育教学中，教师应对蹲的重要性有更深入的了解。蹲由膝、髋、踝的屈曲、伸展联动动作组成，该动作模式出现在几乎所有的主流运动项目中，与运动表现、运动损伤关系密切。从另一个层面看，蹲是日常生活的基本动作，也是高频动作，是幼儿阶段需要掌握的关键动作。在所有涉及蹲的练习中，教师应强调动作的规范性，该动作模式的问题主要表现为屈膝、屈髋的联动性不足和踝关节灵活性导致的背屈受限，以及躯干控制问题。这三个问题并非独立，人体的代偿机制会导致其中一个问题引起另一问题。因发展平衡的多数练习都依赖下蹲动作，所以，有必要对下蹲这一基本动作模式的常见问题进行阐述。

（1）屈膝与屈髋的联动性问题

在下蹲过程中，膝关节与髋关节应同时发生屈曲；在向上站立阶段，膝关节与髋关节应同时发生伸展。但部分幼儿在下蹲过程中会出现先屈髋再屈膝的错误，导致动作结构出现系列问题，这些问题在当前可能不会引起可被观察的不良后果。但是，这些关键动作错误模式的固化，是幼儿未来接受体育教学或参与运动训练的重大潜在风险，也是运动表现的重要抑制因素。

（2）踝关节灵活性问题

昆明市呈贡青少年体质健康与运动表现专家工作站对132名幼少儿的功能性动作筛查结果显示，踝关节灵活性不足是过顶深蹲得分较低的主要原因。对踝关节的关节活动度测试结果显示，37%的幼少儿踝关节背屈低于20°。在部分从事网球、篮球专项训练的少年中，踝关节活动度受限更为明显。踝关节活动度受限不仅增加了踝关节、膝关节损伤的风险，同时影响了核心素质——速度的表现和发展。在下蹲模式中，踝关节背屈受限将进一步影响躯干的正确姿态。

（3）躯干控制

躯干控制主要体现在5节腰椎与骨盆的相对位置上。在半蹲姿态的矢状面下，腰椎与骨盆的相对位置应几乎与站立时无异。在额状面，注意关注幼儿在蹲起练习中，躯干是否发生侧倾。大量实践观察发现，幼儿练习时的侧倾有可能是相对稳定的始终侧倾，也有可能是动态不稳定无规则的两侧倾斜。前者提示幼儿两侧肌力不平衡的可能性较大，后者提示幼儿躯干稳定能力不足的可能性较大。

2. 站平衡垫蹲起肩绕环

当幼儿在平衡垫蹲起练习中能够相对稳定地进行 15—20 次练习，

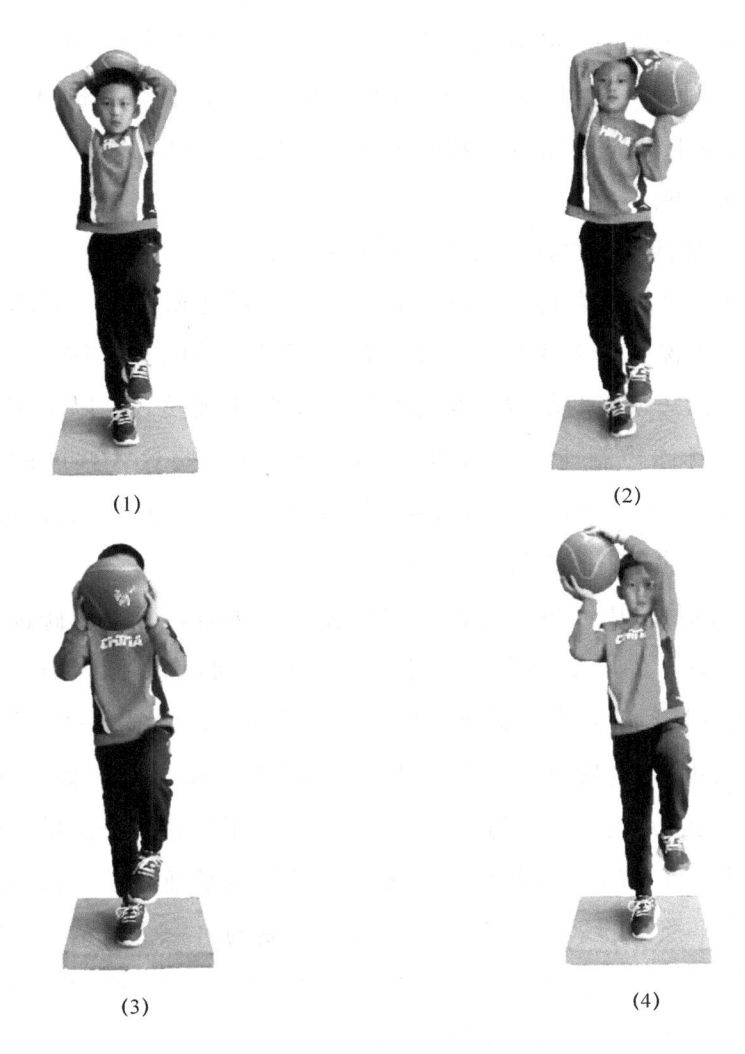

(1)　　　　　　　　　　　(2)

(3)　　　　　　　　　　　(4)

图 3-7　站平衡垫蹲起肩绕环系列分解动作

且蹲的动作模式基本正确时，可以进阶至平衡垫蹲起肩绕环练习。和平衡垫半蹲练习相比，该练习增加了肩关节动作，进一步提高了身体维持平衡的强度，同时可以有效强化幼儿肩关节活动度。幼儿双手持球，通过肩关节运动使球在头颈等高的位置，围绕头颈进行绕环。教师可将头颈与球的关系形容为"星体公转"，形象地融入天文常识。练习中，教师需要对上、下肢的配合进行强调，一次蹲起配合一圈绕环，且两个动作同时开始同步结束（如图3-7所示）。此要求在平衡练习的基础上融入一定的协调因素，进一步丰富了练习功能。

3. 站平衡垫足触标志物（锥桶或标志盘）

平衡垫足触标志物为平衡垫蹲起肩绕环的进阶练习。要求幼儿将重心始终保留于支撑足上，非支撑足轻触远端的标志物。完成该练习，幼儿必须借助前两个练习积累的半蹲正确模式，以及相关肌肉力量和身体控制能力。因幼儿足触标志物需要更大幅度的下蹲（物体距离幼儿身体越远，需要的下蹲幅度越大），在更大幅度的下蹲中，躯干的正确姿态是维持稳定的基础。

在实际操作中，也可为该练习单独设计进阶过程。触碰标志物的方向不同，其难度也有一定差异。先安排前触练习，如图3-8（1），再安排后触及支撑腿异侧标志物触碰练习，如图3-8（2）和图3-8（4），最后安排支撑腿同侧标志物触碰练习，如图3-8（3）。对无法完成练习的幼儿可先允许释放上肢以进行一定的平衡代偿，待能力提升后，再要求双手叉腰，以封闭平衡代偿。另外，标志盘距离平衡垫的远度是教师需要合理控制的另一个变量。需要把握以下规律，前置标志物与平衡垫距离近于侧置与后置标志物，放置距离应能使幼儿顺利完成多次练习。

图 3-8　站平衡垫足触标志物系列分解动作

4. 平衡垫收放标志盘

当幼儿能够多次循环完成较远距离的四方向足触标志物后,即达到了平衡垫收放标志盘的进阶标准。与足触标志物相比,手触标志物显著增加了躯干在不同方向的倾斜角度,而该动作引起了头颈在练习过程中的大幅度位移,在下蹲模式下,增加了前庭与视觉干扰,显著提升了身体维持平衡的难度(如图 3-9 所示)。教师可以通过标志物摆放的距离,以及标志物高度的调节控制练习难度。

(1) (2)

图 3-9 平衡垫收放标志盘系列分解动作

5. 站平衡垫抛接小篮球（双手）、乒乓球（单手）

抛接球的过程将平衡任务由"封闭性"转换为"开放性"，在维持平衡的基础上，增加了完成任务的难度。幼儿的抛球速度、抛球角度会出现一定程度的变化，接球幼儿在变化中可以练习到快速反应及手眼协调配合的能力。更为重要的是，在抛球，尤其是接球过程中，对幼儿的平衡形成了更大的冲击，因接球过程需要躯干偏离垂直轴，双手有接球任务，上肢不能用于维持平衡，增加了躯干和下肢维持平衡的难度，进一步强化了多关节、多肌群协调工作维持平衡的能力［如图3-10（1）—（3）］。

在抛接乒乓球时，任务的难度将进一步加大，需要幼儿有更为精准的视觉跟踪移动定位能力和精准的抓握时机。教师在组织幼儿进行练习时，必须强调抛球落点和速度的相对稳定，练习初期尽量用更慢的抛球速度降低练习难度，并且提示幼儿接球时需要在身体恢复可控的稳定状态后，才能进行下一次抛接［如图3-10（4）—（6）］。建议在有一定练习基础和相关能力时再进行该手段的教学安排，如果盲目开展该练习，可能会出现捡球时间大于练习时间的情形，这严重影响了单位时间内的练习密度，不利于实现既定的教学目标。

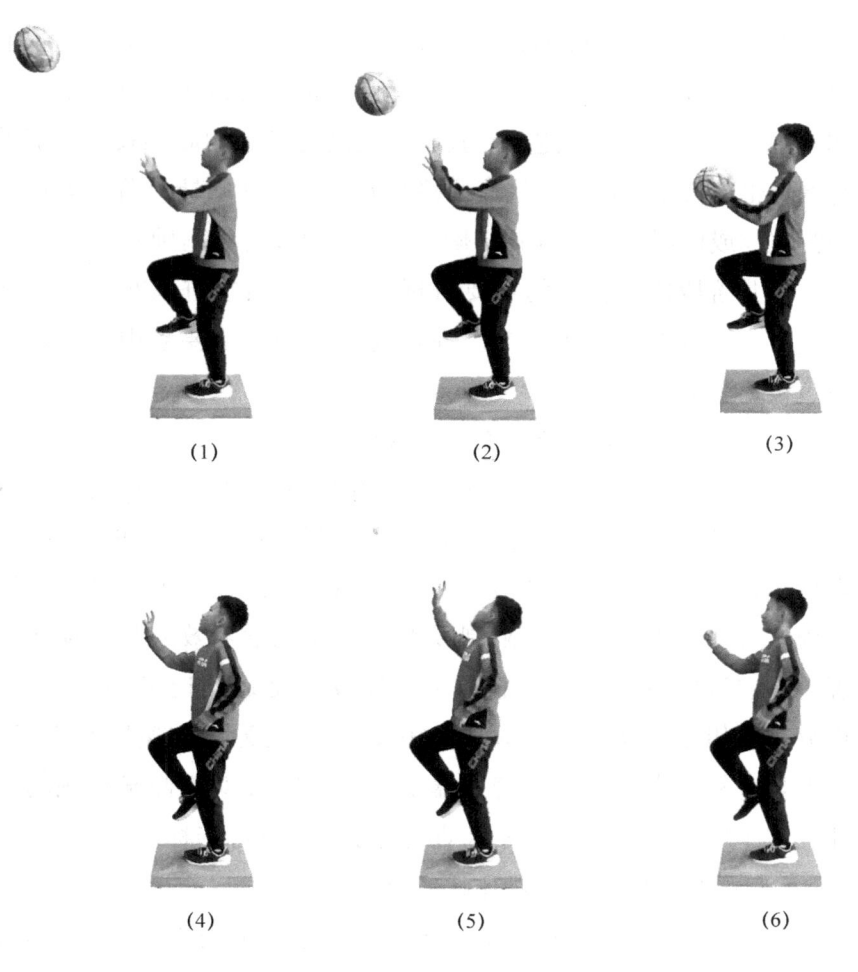

第三章 幼儿体育教学中身体能力的构建

(1)　　　　　　(2)　　　　　　(3)

(4)　　　　　　(5)　　　　　　(6)

图 3-10　站平衡垫抛接小篮球（双手）、乒乓球（单手）系列分解动作

第二节　幼儿爆发力构建

一　幼儿爆发力构建的意义

（一）爆发力是幼儿未来运动技能学习的重要基础

幼儿进入小学后，逐渐开始运动技能学习。目前理论研究的多项结论显示，中国义务教育阶段学生运动技能学习效果并不理想。运动

65

技能的学习是需要基础和相应条件的，不具备基础条件的专项技能学习必然是无效或低效的。爆发力是运动技能学习的重要基础之一。例如，排球发球技术、短跑起跑技术、跳高与跳远的起跳技术、羽毛球与网球击球技术、足球的快速位移及方向变化（敏捷）都需要爆发力作为支撑或以爆发力为基础（敏捷表现以爆发力为基础）。

幼儿阶段体育教学的重要目标之一即为后续进入小学、中学构建扎实的运动技能学习基础。在构建基础的众多要素中，爆发力的角色极为重要。

（二）爆发力是运动表现的核心要素

多项研究表明，主流运动项目的选材指标中，爆发力权重极高。在中国，随着国家、社会、学校、家庭对体育重视程度的不断提高，青少年进行校内外专项技能学习的时间、频次在逐渐提升。爆发力作为核心要素很大程度上限制或促进了技能学习效果与专项运动表现。在主流项目的运动选材领域，爆发力是运动选材的重要参考。迈克·博伊尔认为，在运动选材中，应该更为注重速度与爆发力，而不是有氧能力。这意味着，爆发力是中国青少年普遍接触的三大球、三小球、田径、体操等运动项目制胜的核心指标。

（三）个人爆发力需求伴随终身

爆发力的重要性贯穿幼儿至老年的生命全周期。在幼儿阶段，动作与技能的学习高度依赖爆发力；在成年阶段，爆发力是生活、部分工作、运动表现、避险的重要能力；在老年阶段，爆发力涉及老年人的生活质量与防跌倒等基本安全问题。幼儿的爆发力发展主要依靠神经系统工作的优化，而不是改变肌肉本身，这意味着幼儿爆发力的练习主要针对神经募集，与幼儿神经、肌肉、骨骼发展的基本规律吻合。

（四）爆发力影响重要升学考试

随着教育部、国家体育总局相继出台青少年学生体质健康的相关政策与指导文件。各省教育厅开始有效利用考试指挥棒干预学生体质健康,部分省市已经开始大幅提升中考体育分值权重。从全国各地体育中考的考试内容来看,爆发力是多项考试的"核心竞技能力"。对50米跑、100米跑、立定跳远、折返跑,对篮球和足球运球、排球及小球发球等考试表现意义重大。有针对性地、符合幼儿身心发展客观规律地进行爆发力发展基础的构建,从中国幼儿爆发力不断弱化,以及未来爆发力需求的矛盾视角分析,对促进幼儿的针对性爆发力发展具有较高的价值和必要性。

(五)爆发力是多项身体素质发展的基础

身体素质包括速度、力量、柔韧、敏捷、耐力等。身体素质是体质健康的直观表现,是运动技能学习的重要基础,而爆发力则是身体素质全面发展的根基。爆发力显著影响位移速度,而位移速度又是优质敏捷表现的基础,爆发力与力量之间也存在千丝万缕的关系。其基础性作用要求幼儿教师在体育教学过程中,对该能力的发展应给予足够的重视。

二 幼儿爆发力构建与发展的误区

(一)用成人的爆发力发展逻辑构建幼儿爆发力基础

从幼儿阶段开始构建爆发力基础的主要目标是让幼儿的神经—肌肉系统变得更快。与成年爆发力能力构建的逻辑不同,幼儿需要做的更多是模式的构建,能力构建是模式构建的副产品。成人爆发力构建的逻辑为:肌肥大—肌力—爆发力,肌肥大是肌力的基础,肌力是爆发力的基础。幼儿不具备或甚少具备肌肥大的激素基础,且难以承受也不适宜承受以肌肥大为目的的练习负荷。

从图3-11可以看出,成人的爆发力基础是肌肥大,幼少儿的爆发力基础是平衡与稳定能力。在具备以上能力后,可以设计并应用以力量能力提升为目的的相关练习。当然,力量能力可以和其他维度的身体能力发展在同一手段中共同实现。例如，力量与速度能力、力量与平衡能力、力量与关节灵活性。当幼儿熟练掌握了基本正确的动作模式，且具备了基础力量水平后，可以针对性地设计相应的跳跃练习，如果条件允许，跳跃练习最好安排在软性材质地面或草坪进行，这样能降低地面反作用力对幼儿关节的冲击。当然，相对于地面材质，合理的下肢力线是幼儿跳跃练习的最佳保护机制。

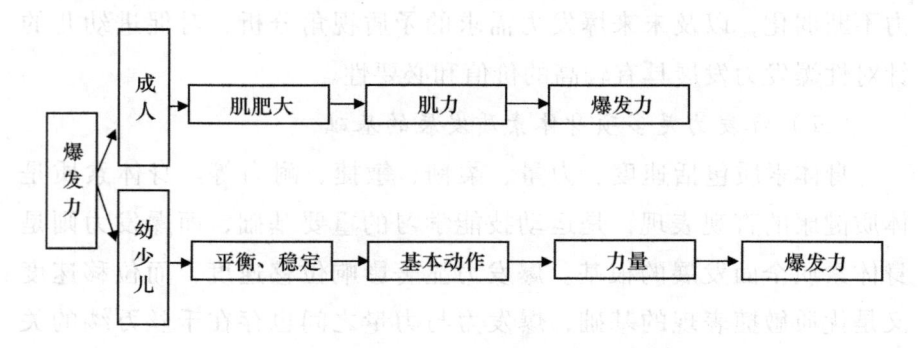

图 3-11 成人与幼少儿爆发力发展逻辑差异

需要注意的是，成人的爆发力基础虽然是肌肥大，但仍然需要平衡、稳定能力与合理的基本动作模式，否则爆发力的输出会受到限制，甚至出现疼痛、损伤。其给予幼儿体育教学的提示是，如果在幼儿阶段没有构建相应平衡与基本动作模式基础，在进入义务教育阶段甚至成年后，爆发力的提升会受到严重限制。

（二）爆发力等同于立定跳远

目前，立定跳远作为爆发力的测试手段普遍应用于各年龄、各类体质健康及身体素质测试中，其目的为检测以下肢为主的爆发力水平。在体育教学中也普遍应用立定跳远作为提高爆发力的练习手段。事实上，除了伸膝、伸髋爆发力，还有二维结构下更为复杂的爆发力表现形式，例如下肢的蹬转，还有多维的爆发力表现形式——动力链的快速传递。就局部爆发力而言，也不应局限于立定跳远的伸膝、伸髋爆发力。

大量地应用立定跳远发展幼儿爆发力，除了发展形式、发展肌群单一外，如操作不当容易引起幼儿关节疼痛。立定跳远练习需要幼儿掌握"蹲"的基本动作模式和正确的落地技术，正确的落地技术需要幼儿具备较好的屈髋能力，否则在一定负荷压力下，将对幼儿膝关节形成该年龄难以承受的冲击。

（三）只有成年人才需要发展爆发力

在幼儿体育教育领域，谈力量、爆发力色变的现象并不罕见。部分理论研究者认为，幼儿体育教学中不适宜进行力量和爆发力练习。当视角迁移至哲学层面——体育教学行为的基本逻辑时，可能会改变我们以往的认知。在逻辑链的顶端是对教学对象的系列测试与评估。从幼儿、青少年体质健康测试结果看，突出的问题仍未得到解决。从幼少儿的评估过程不难发现，当前幼少儿随着生活方式、娱乐方式的改变，行走、跑步、跳跃的时间与空间被大幅压缩，神经—肌肉多接受的是低强度、短时间的有氧刺激。在这种运动条件下，主要动员的是慢肌纤维，快肌纤维被动员的机会和比例极低，造成了幼儿力量和爆发力水平普遍偏低。体育教学是极为难得的生活与运动方式变化后，幼儿力量与爆发力不足的调节平台。如果未能以客观事物不断发展的维度看待这种变化，以及在这种变化后对力量、爆发力发展的迫切需求，幼儿体质健康问题和义务教育阶段专项技能习得问题将长期存在。

在幼少儿的系列身体素质中，力量与爆发力受生活方式改变的影响最大。因此，爆发力在幼儿时期非常有必要循序渐进地进行针对性构建。进入义务教育阶段，等于即刻进入了爆发力应用阶段，爆发力表现受限的学生将在专项运动技能学习和体育考试中存在巨大劣势，这又会间接影响到整个学习生涯中学生对体育运动的认知和态度，极易形成体育运动焦虑、恐惧，最终阻碍终身体育的形成。

三 幼儿爆发力构建与发展的进阶过程

（一）爆发力发展的基础条件构建

1. 基本动作模式

成年人的爆发力发展手段显然并不完全适合幼少儿。在爆发力因素融入体育教学前，需要提前构建爆发力发展的必要基础。两个最为关键的基础是弓步和单、双腿蹲的基本动作，以及全身协调的力量应用基础。

多数下肢爆发力练习均需要幼儿在弓步或下蹲动作模式下完成，当动作模式出现问题时，练习会对幼儿关节造成伤害。主要表现为力线排列不合理时，膝关节、踝关节受力不均使局部压力增大，提高了疼痛及损伤风险。在此基础上如果有大、小腿的旋转动作将形成剪切力，风险将进一步增加。两个基本动作模式的构建为未来长期的爆发力素质发展奠定了重要基础。与所有的体育科学发展一致，幼儿在体育教育中的所有能力构建与发展都有其底层逻辑，都有其必要的基础和条件，必须在充分了解和尊重这些规律的前提下进行体育教学实践，才有可能高效、安全地实现教学目标。这再次体现了《3—6岁儿童学习与发展指南》中将动作发展列为三大健康领域学习与发展目标的根本原因。

2. 平衡能力

平衡能力是发展爆发力的重要基础，爆发力的典型要求即在最短的时间条件下肌肉能够产生尽可能大的力量。如果在运动中肢体不在能够产生最大力量的关节位置或重心位置，爆发力表现将受限。因此，控制身体的能力应该在爆发力发展前进行构建。这给予幼儿体育教育工作者的重要提示是，幼儿体育教学是在一定的逻辑框架内开展的，目标制定、方法与手段制定、负荷的渐进、游戏难度的选择等均需要以逻辑框架内的结构为依据，把握幼儿身体能力发展的内在规律是合理构建逻辑框架的基础。

3. 均衡的力量能力

幼儿娱乐、玩耍的方式、时间，以及该过程中表现的负荷是影响力量能力的重要因素。随着科技发展，电子产品走进千家万户，中青年的生活节奏加快、工作压力进一步提升，祖辈看护幼儿的比例逐年增高，幼儿的运动时间和高强度运动概率进一步下降。在此基础上，出行方式的改变又进一步压缩了幼儿身体活动的空间，这些因素直接导致了幼儿肌肉力量水平的下降，意味着小班阶段的多数幼儿并不具备爆发力发展基础。在幼儿体育教学的宏观体系中，小班应重点进行爆发力发展条件的构建，夯实爆发力发展基础，应酌情在该阶段直接设计和应用爆发力发展手段。

（二）爆发力发展的进阶过程

1. 叉腰静态垂直蹲跳

爆发力表现的特征即肌纤维募集时间短，募集数量多。跳跃练习较为精准地贴合了以上特征。静态垂直跳是幼儿在适宜的屈髋、屈膝静止状态下，通过最大速度的伸膝、伸髋动作蹬离地面，落地时屈膝、屈髋进行缓冲的过程。从静态垂直跳的技术描述可以看出，爆发力表现环节前、后均呈现蹲的姿势，再次说明了爆发力发展与基本动作模式的密切关系（如图 3-12 所示）。

在该练习中，教师需要对幼儿动作进行三个关键点的观察和提示。（1）起跳前准备姿势的正确性。正确的起跳前姿势是保证最大速度蹬伸的基础。要求幼儿屈膝角度约等于 120°，教师不必对具体角度进行描述，只需要在示范过程中对过大角度与过小角度进行演示，并让幼儿对过大角度（几乎无下蹲）、过小角度（完全下蹲）与两者之间角度的腾空时间进行对比，在有了视觉刺激与本体感觉刺激后，幼儿很快能够掌握跳跃屈膝的适宜角度。（2）最大速度的蹬伸过程。蹬伸过程质量是爆发力练习效果的直接影响因素。教师示范不同蹬伸速度下导致的不同的跳跃高度和腾空时间，这个过程不需要伴随讲解，让幼儿进行观察，并针对两次跳跃的不同点进行

(1)　　　　　　　　(2)

图 3-12　叉腰静态垂直蹲跳系列分解动作

提问。这是将观察、分析、理解融入体育教学过程的基本手段，可实现体育教学的多维拓展功能。（3）落地姿势与落地稳定性。落地技术的强化可为后续连续跳跃练习构建基础。教师可进行对比示范，让幼儿观察正确落地技术下连续跳跃与错误落地技术下连续跳跃的距离和高度差异。以上过程提示幼儿教师，在所有年龄段的体育教学中，教师都应该清晰地认识到要求背后的内涵，也可以将其理解为要求的依据。

在爆发力发展练习中，首先进行静态垂直跳跃练习的主要原因为：静态跳跃是基本动作模式与爆发力结合的开端，降低了动作控制难度的同时，通过静态过程进一步强化了蹲的正确动作模式，为后续动态的反应性垂直跳跃和移动性跳跃奠定了基础。

2. 摆臂静态垂直跳

爆发力与平衡能力发展的思路不同。平衡能力的上肢开放性练习先于上肢封闭的练习。在爆发力发展的进阶过程中，则优先进行上肢封闭的跳跃练习，目的是减少参与运动的关节和肌肉数量，让幼儿可以将更多的注意力集中于下肢的动作模式和动作速度。待叉腰静态垂直跳的三个练习均能达到相应要求时，可以进行上下肢协调配合的静态垂直跳练习（如图 3-13 所示）。

(1)　　　　　　　　　　(2)

图 3-13　摆臂静态垂直跳系列分解动作

在以往的体育教学中，忽略垂直跳跃过渡到水平跳跃进阶的逻辑误区普遍存在。垂直跳跃是水平跳跃的基础，在垂直跳跃中更容易建立上下肢配合的协同摆动正确技术。在该练习中，屈膝、屈髋的静态动作伴随肩关节的充分伸展，肘、手均在躯干后侧，伸膝、伸髋与双臂向前摆动完全同步。幼儿在进行该练习时，上下肢协调用力是动作难点，教学实践中经常发现幼儿下肢蹬伸幅度与上肢摆动幅度不协调或先下肢蹬伸后上肢摆动的情况。学界有一种幼儿体育教学观点，即让幼儿动起来，尤其是快乐地动起来即可。笔者并不赞同这样的观点，如果仅仅是动起来，为何需要幼儿教师的专业指导？如果仅仅是快乐地动起来，快乐后又能给幼儿带来什么？留下什么？在这种体育教学理念下，基础教育阶段需要的基础运动能力如何构建？幼儿体质健康问题如何解决？

3. 反应性垂直跳

反应性垂直跳与静态垂直跳最大的区别在于，反应性垂直跳能够触发牵张反射，而静态垂直跳因肌肉离心后的停顿无法形成牵张反射。牵张反射属于运动生理学概念，幼儿教师有必要对牵张反射机制进行深入了解。因为幼儿体育教学中的诸多教学手段设计，以及教学实施过程中的要求都会以此机制为依据，这是让幼儿动作速度和位移速度变得"更快"的重要神经—肌肉机制。肌肉快速被拉长后，无缝衔接地进行快速收缩，在快速拉长时激活肌梭，导致肌肉反射性地收缩，因此在收缩阶段可表现出更大的力量。几乎所有的爆发力练习都需要在该机制下进行。因反应性跳跃具备了触发牵张反射的条件，相比静态跳跃，反应性跳跃能够表现出更大的力量和更高的跳跃高度。在反应性垂直跳练习中，幼儿教师需要注意以下要素：（1）离心速度（屈膝、屈髋的速度）；离心阶段时间必须缩短，如果该阶段时间延长，离心阶段所储存的能量将以热能的形式消散，或根本无法触发肌梭产生牵张反射[1]。（2）离心—向心转折速度（从屈膝、屈髋到伸膝、伸髋）。下蹲后即刻进行向上跳跃能够增加跳跃的力量输出，提高跳跃高度。在体育教学中利用好牵张反射机制，能够帮助幼儿更有效地提升体质健康测评中立定跳远的成绩。

4. 弓步垂直跳

弓步垂直跳形成的纵向支撑点（双足前后位支撑），增加了幼儿

---

[1] ［美］G. 格雷戈里·哈夫、N. 特拉维斯·特里普利特主编：《美国国家体能协会体能教练认证指南》，王雄等译，中国工信出版集团、人民邮电出版社2021年版，第506页。

在冠状面上维持平衡的难度,形成了对幼儿平衡能力的挑战,也验证了平衡能力在爆发力发展中的基础支撑作用。弓步跳跃的另一个特点是,幼儿双侧下肢发力的比例与双脚左右开立状态差异显著,更高比例地使用前侧腿进行主导发力,这使得该动作更具功能性,更接近单腿的练习效果,后侧腿只能在较少程度上辅助前侧腿进行发力(如图 3-14 所示)。这体现了弓步垂直跳在进阶体系中承上启下(双足支撑练习之后,单足支撑练习之前)的功能。

(1)　　　　　　　　　　(2)

图 3-14　弓步垂直跳系列分解动作

在弓步垂直跳练习中,教师需要对若干要素进行重点把控:(1)躯干的合理位置。要求幼儿躯干在垂直位完成练习,在弓步状态下,躯干的垂直位置能够获得均衡的椎间压力和更稳定的身体重心。(2)骨盆的合理位置。幼儿在弓步状态下进行的多种练习,都容易出现骨盆前倾的错误姿态。在传统体育教学的徒手操练习中,弓步压腿是错误率最高的手段之一。主要表现为骨盆前倾,导致拉伸的目标肌群从起点向止点位置靠拢,削弱或无法实现该手段功能。

在弓步跳跃练习中,控制骨盆位置的关键点是后侧腿膝关节的适度弯曲。在形成弓步时,两腿膝角都约等于90°。以上要素除了有助于构建更为合理的骨盆位置外,在连续跳跃中还能为练习者提供更高效的离心缓冲过程,提高了练习的有效性和安全性。

5. 单腿垂直跳

在弓步垂直跳跃练习中构建的稳定性与爆发力结合的能力为单腿练习夯实了基础。幼儿教师通过观察评估,认为幼儿已经可以在基本正确的动作模式下,相对快速地完成弓步垂直跳跃练习时,即可进阶至单腿垂直跳练习(如图3-15所示)。

(1)　　　　　　　　(2)

图3-15　单腿垂直跳系列分解动作

显然,单腿垂直跳跃需要的条件更多,包括合理的屈膝、屈髋角度,以及下肢合理的力线排列、合理的骨盆与躯干姿势、空中姿势和落地缓冲姿势。这些能力已经在之前的平衡练习、动作模式练习和爆发力练习中逐步构建。在单腿垂直跳跃练习中,幼儿教师需要把控的要素为：（1）要求幼儿采用单足支撑起跳，双足落地缓冲。在幼儿园中班阶段，幼儿的离心力量能力不足，单足落地缓冲过程中膝关节承受的地面反作用力较大，尤其对下肢力线排列不合理的幼儿而言，膝关节的疼痛、损伤风险更高。部分幼儿静态和低强度条件下能够表现出合理的下肢力线，但强度提升后，下肢力线会出现问题，说明下肢力线的合理性存在压力阈值，为避免超出该阈值，采用双足落地是更为安全的策略。双足落地一方面增加了一个支撑点，降低了关节维持稳定的难度；另一方面，双腿均分落地过程的地面反作用力，降低了离心过程肌肉和关节承受的负荷，能够显著降低风险。（2）依据幼儿能力进行分层练习。进阶至单足练习后，部分幼儿会出现下肢力线排列不合理的情况，而这部分幼儿在双足垂直跳中能够体现出合理的力线，说明控制股骨位置的肌肉力量不足，这时不应盲目进阶。

6. 双腿连续水平位移跳跃

连续跳跃的重点与难点都集中于每次跳跃支撑地面时身体姿势的合理性。该技术与能力已经在平衡练习和基本动作模式练习，以及爆发力前五个手段练习中给予了充分的积累。在连续跳跃练习中，考虑到幼儿下肢力量较弱的客观实际，教师在练习时需要控制以下变量：（1）跳跃支撑阶段的膝关节角度。教师可以采用微屈膝的方式进行动作示范与讲解，在幼少儿阶段不建议采用膝角小于90°的连续跳跃练习。这样增加了膝关节风险的同时，显著延长了地面支撑时间，违背了爆发力发展的基本原则和要求。（2）跳跃过程中水平速度的保持。连续跳跃必须依靠好的速度保持，可直观地表现为落地时没有明显的水平方向制动，支撑时间短，能够用更短的时间完成单位距离的跳跃。水平速度的保持将显著降低支撑阶段制动导致的膝关节压力。（3）减少跳跃过程中上肢的摆动半径。要求幼儿通过屈肘减少上肢摆动半径，增加上肢摆动速度，以配合水平速度保持下更快的跳跃节奏。

第三节 幼儿关节活动度发展

一 幼儿关节活动度发展的意义

（一）关节活动度是构建基本动作模式的基础

任何动作的高质量完成都需要一定的关节活动度。当动作幅度增加时，自然对关节活动度提出了更高的要求。例如，网球、排球发球对肩关节和胸椎活动度提出了较高的要求；快速跑对屈髋、伸髋活动度提出了较高的要求。在幼儿阶段学习基本动作模式过程中，关节活动度受限是幼儿正确表现基本动作模式的重要抑制因素。例如，在踝关节背屈活动度受限的条件下，无法表现出正确的下蹲动作模式；在伸髋活动度受限的条件下，无法表现出正确的弓步动作模式。关节活动度限制基本动作模式的表达，而基本动作模式限制基本运动技能的习得。从以上视角看，关节活动度的发展与幼儿进入义务教育阶段的体育学习效率、能力密切相关。部分技术学习的限制因素并不完全体现在力量与神经—肌肉协调性两者之中，关节活动度属于运动的"刚需"范畴，但在体育教学实践中，往往容易被忽视。

（二）关节活动度受限是导致运动损伤的重要原因

研究显示，中国男性幼儿随着年龄的增长，关节活动度下降明显[1]。在关节活动度表现上，幼儿优于中青年，中青年优于老年人。即便如此，幼儿阶段关节活动度的快速下降仍然需要引起足够的重视，如果在体育教学中没有对关节活动度进行专门性强化，该趋势则难以得到扭转。同时，关节活动度也是功能性动作水平的重要体

---

[1] 孟庆光、梁嘉伟等：《澳门与内地幼儿体质比较研究》，《吉林体育学院学报》2014年第6期；王珽珽：《学龄前儿童体力活动、身体素质和动作技能的发展特征以及作用机制的研究》，《中国体育科技》2022年第8期。

现。在 FMS（功能性动作筛查）中，关于关节活动度的评估因素较多，关节活动度不仅影响着运动表现，其受限状态也是重要的疼痛、致伤因素。幼儿阶段的运动强度较低，以"封闭式"运动为主，即运动动作、路径、任务被提前规划，包括了游戏、操类活动等。进入义务教育阶段后，幼儿开始接触"开放"的运动模式，主要表现在专项运动技术的学习与竞赛中。诸如三大球等运动，需要幼儿根据场上的情境即刻做出运动选择。在这种情况下，损伤与疼痛被控制的程度大大降低。

幼儿教师应该从不同阶段体育教学目标的变化审视发展关节活动度的意义。幼儿阶段关节活动度受限与关节稳定性不佳是当前和义务教育阶段体育教学及课外体育活动中发生运动损伤的重要因素。

二 幼儿关节活动度发展的误区

（一）在关节活动度发展中以偏概全

学前教育与义务教育阶段的体质健康测试或体育考试均采用坐位体前屈来测评关节活动度，局部关节活动度的测试不能用来评价个人整体的关节活动度水平。在幼儿关节活动度发展中，将坐位体前屈作为唯一的发展手段，或者将坐位体前屈成绩作为评价幼儿关节活动度的唯一工具是幼儿体育教学中的普遍误区。对当前基本动作模式构建，以及未来主流运动项目技能学习影响较大的关节活动度包括髋关节伸展、屈曲、内收、外展关节活动度，肩关节伸展、屈曲关节活动度，踝关节背屈关节活动度，胸椎旋转关节活动度等。坐位体前屈的关节活动度表现形式在基本动作模式和专项运动中几乎不会出现。坐位体前屈集结了腘绳肌、小腿三头肌和躯干背链肌群同时拉长的延展能力需求。因此，不排除该测试通过一个动作探查整个背链肌肉延展性水平的高效性和便捷性。针对当前幼少儿久坐和中高强度运动缺乏的现状，髋关节伸展的活动度更具测试价值，但其更为复杂的测试操作过程降低了其可行性。在当前的关节活动度测试手段选择上，可行性与实效性确实存在矛盾，目前尚未找到两个因素兼具的测试手段。

幼儿教师不能在体育教学中只针对测试项目对幼儿进行局部关节活动度的发展，也不能以坐位体前屈的成绩来评价幼儿个体的整体关节活动度发展水平，更不能在体育教学中单纯依靠坐位体前屈来发展幼儿的关节活动度。

（二）关节活动度越大越好

通过坐位体前屈测试所表现出的关节活动度并非越大越好。关节表现出适当的活动度对于运动是必要的基础条件，但是过度柔软，尤其在力量能力薄弱条件下表现出的过度柔软，对运动而言是不利的。在对幼儿的体质健康进行评估时，最客观的方式是将局部关节力量与活动度结合进行评价。不论是幼儿，还是小学生和中学生，为了应对测试和考试过度地发展局部关节活动度都是错误的，不利于运动表现，造成了柔软与力量的失衡，也造成了关节在不同维度的关节活动度失衡，如屈髋活动度与伸髋活动度失衡，久坐叠加过度的坐位体前屈练习，两个因素的综合作用将会导致这种情形的发生，严重限制了幼儿多种基本技能学习的效果，尤其是基本运动技能中的核心技能——跑。

学者王欢等对学前儿童动作技能与身体素质水平的研究数据显示，在众多身体素质中，坐位体前屈对13项动作技能的影响最小，决定系数小于0.1，而目前各单位自拟的坐位体前屈评价标准普遍偏高[①]。在生活与运动实践中，几乎不会出现竖脊肌、腘绳肌、小腿三头肌同时被拉长的情形，说明坐位体前屈能力与实际运动能力的关

---

① 王欢、胡水清等：《学前儿童动作技能与身体素质水平的典型相关分析》，《中国体育科技》2019年第6期。

系并不密切。

（三）测试方式等同于发展方式

学者冷小刚认为，幼儿体育活动中的安全性包括急性（显性）安全和慢性（隐性）安全两种。显性安全问题在幼儿身体活动中被论及较多[1]。坐位体前屈所带来的隐性安全问题容易被忽视，对其练习方式的解剖学视角分析可以帮助幼儿教师更清晰地了解其存在的隐性安全问题。因坐位体前屈作为体质健康测试手段贯穿学前、小、中、大学，这代表该练习将从幼儿阶段开始伴随整个学途，历经十几年，错误认知与错误实践操作的负面影响也将被无限放大。

在坐位或站立条件下的体前屈动作，腰椎前部受到挤压，后部间隙增大，椎间盘受到的压力不均，在这个动作基础上，如果有外部压力介入，会进一步增加椎间盘的压力。例如，练习者呈坐位体前屈姿态，辅助者在练习者前，将练习者双手从其正前方拉向身体远端，如果加上向下的力（将练习者双手拉向地面方向），椎间盘承受的负荷会进一步加大[2]。坐位体前屈动作中，棘上韧带、棘间韧带和关节突韧带处于紧张状态，过度练习会导致韧带松弛无法形成足够的支撑。研究显示，过度松弛的脊柱韧带是导致脊柱侧弯的重要原因之一。幼儿教师需要格外注意以上对坐位体前屈练习的安全性阐述，必须了解且有效规避练习过程中的潜在风险。

（四）利用弹震式拉伸提升关节活动度

不同的拉伸形式对关节活动度的提升有着截然不同的效果。肌筋膜梳理叠加静态或PNF拉伸能够更为有效地提高关节活动度，不建议采用弹震式拉伸作为提升坐位体前屈的练习或测试的准备方式。弹震拉伸因其有更快的牵拉速度，肌梭在这种形式的拉伸条件下更容易被激

---

[1] 冷小刚：《幼儿体育活动中的卫生与安全》，《南京体育学院学报》（社会科学版）2002年第5期。

[2] ［法］布朗蒂娜·卡莱-热尔曼、安德烈·拉莫特：《运动解剖书》，张丽译，北京科学技术出版社2017年版，第42页。

活，使拉伸目标肌群产生反射性的收缩，不利于肌肉延展性的提升。

在坐位体前屈状态下，弹震式的拉伸因速度产生的惯性力，脊柱容易产生更大幅度的屈曲，腰椎负荷会显著增加。相比之下，静态拉伸和 PNF 拉伸在提升柔韧素质上，具备更好的安全性和效果。

三 幼儿关节活动度发展的思维、策略与方法

（一）关节活动度的平衡

1. 关节活动度失衡表现认知

在体育教学领域对关节活动度的平衡关注较少，相关研究也相对匮乏。关节活动度在四肢中体现的不平衡更为显著，也更容易被观察和测量。在坐位体前屈测试中，有经验的测试实施者会发现被测试者在测试中接近极限分值时常会出现双手前后的位置差。排除上肢长度差异因素，在结缔组织被牵拉到一定程度时，关节活动度相对更小的一侧静止，另一侧继续向前，形成了测试接近最大值时，双手前后位置的差异。

关节活动度的不平衡会增加运动损伤风险。体态可以导致两侧肌肉长度、张力发生变化，进而导致活动度差异。因此，在 FMS（功能性动作筛查）中，仰卧直膝举腿测试为两侧分别测试，且在测试过程中，两侧得分出现差异的情况较为普遍。在幼儿阶段，通过双侧主要关节的关节活动度测试，能获得更多的关节活动度信息，也能发现更多的潜在问题，为幼儿进行更细致的关节活动度练习提供了重要和全面的依据。

2. 构建先均衡后提高的教学思维

在幼儿关节活动度练习中，应该确立先解决均衡性问题，再提高关节活动度的基本思路。该思路适用于大部分体育领域的关节活动度发展策略设计，也可将该问题等视于问题解决先于发展或疼痛与损伤隐患排除先于运动表现提升。

从另一视角来看,平衡问题的解决等于提升了幼儿关节活动度的测试成绩。在坐位体前屈的标准测试条件下,测试结果为关节活动度较弱一侧值,这表明关节活动度趋于平衡的过程即是关节活动度测试成绩提升的过程。此外,关节活动度失衡与幼儿体态问题间存在相互影响的内在联系。体态问题可引起双侧关节活动度的差异,而关节活动度差异的加剧将导致更为严重的体态问题。因此,关节活动度均衡的意义大于关节活动度发展。

(二)幼儿关节活动度发展策略

1. 练习密度与时间策略

关节活动度发展是幼儿体育教学中的重要内容。在幼儿体育教学中,每次课都可以设计、融入关节活动度因素。研究表明,每周两次的关节活动度练习是保持关节活动度的密度底线,低于该练习密度,关节活动度会下降。在关节活动度练习中,静态拉伸持续时间一般为 15—30 秒。以上信息为幼儿教师体育教学中的关节活动度练习提供了宏观层面的操作范本。

2. 练习的准备策略

在关节活动度测试与练习前,必须进行相关准备,尤其是针对测试目标关节、肌肉的准备,无任何准备下进行的关节活动度测试会显著降低测试的信度。目前,学校体育领域在关节活动度测试前不进行专门准备活动的现象较为普遍,影响了测试结果的准确性。

准备的主要目标为提高肌肉温度和降低肌肉的黏滞性,一般可以通过慢跑、操类或专门的局部关节运动来提高全身或局部肌肉温度,之后进行每次 15—30 秒、2—3 次的静态拉伸。这是降低练习与测试风险,提升效果和测试准确性的必要环节。

3. 练习的强度策略

幼儿体育教学中的关节活动度练习建议采用温和的中、低强度拉伸方式。关节活动度练习主要目的为构建合理体态,使关节活动度不构成运动表现限制，过度发展关节活动度反而会提升运动风险。因此，针对关节活动度在正常范围内的幼儿，均衡、渐进地发展关节活动度是基本策略。针对关节活动度不足的幼儿，可以通过能力分层教学提升关节活动度练习的密度，而不是提升练习的强度，渐进性仍然是需要遵循的基本原则。

4. 练习的安全策略

在幼儿的关节活动度发展练习中，应避免脊柱的过度屈曲与伸展，过度的脊柱屈曲会显著增加椎间盘前部的压力，过度的脊柱伸展会增加椎间盘后部压力。同时，过多高强度的脊柱弯曲柔软度练习会导致脊柱附着韧带的松弛。大量研究结果提示，脊柱侧凸可能与韧带松弛存在相关性[1]。韧带松弛将导致关节不稳定，是导致关节畸形的因素。韧带松弛后，小关节活动度增大，椎间盘内压也相应升高[2]。

在幼儿脊柱关节活动度练习中出现急性损伤的案例频出。2015年至2019年中国康复研究中心收治的14岁以下脊髓损伤患儿共221例，下腰动作导致的脊髓损伤75例，主要发生在5—7岁（80.0%），均为无骨折脱位型胸脊髓损伤，其中完全性脊髓损伤53例（70.7%）[3]。以上信息提示幼儿教师，脊柱尤其是腰椎段的动作幅度需要控制在安全范围内，常规幼儿体育教学没有必要进行下腰或辅助牵拉式的坐位体前屈练习，两者是腰椎过度屈曲和伸展的典型案例。

幼儿体育教学中发展关节活动度的目标为促进合理体态的形成，以及增强符合幼儿年龄特征的运动表现。下腰或者以提高坐位体前

---

[1] 张伟、何希等：《AIS患者弯腰与站立姿势下椎体旋转度差异》，《中国矫形外科杂志》2020年第5期。

[2] 谢鸿炜、张桦：《颈型颈椎病诊断与发生机制的研究进展》，《脊柱外科杂志》2021年第2期。

[3] 刘根林、周江俊等：《儿童脊髓损伤致伤原因变化特点》，《中国康复理论与实践》2020年第4期。

屈成绩为目的的高强度牵拉显然违背了幼儿身体发展和体育教育的基本规律，大幅增加了显性和隐性风险。

5. 练习的多因素策略

在中国当前的体育教育现状和各年龄段学生体质健康水平背景下提出多因素的练习策略具有重要价值。目前，中国学生接受的学校体育教育时间和质量仍然无法满足高效扭转学生体质健康水平的需要。将不同的教学目标分别、依次地实现已经被实践证明，其教学效能并不乐观。

幼儿的关节活动度发展，可以在了解关节活动度练习的生理学机制与相关要素后，将这些要素与其他身体能力发展目标的练习相结合，以便在单位教学时间内，实现更多的教学目标和功能。

四 关节活动度的发展形式

（一）静态拉伸

动作缓慢（肌梭对快速改变的张力极为敏感，缓慢的动作可以规避刺激肌梭导致肌肉紧张），在产生轻微不适感的位置停留15—30秒，适合以关节活动度提升为目的拉伸。静态拉伸因其动作缓慢，显著降低了拉伸过程的风险指数。在体育教学结束部分，也可以采用静态拉伸来进行放松。需要注意的是，更多的实践性研究文献指出，准备活动中不宜采用静态拉伸提升关节活动度。

（二）本体神经肌肉促进拉伸（PNF）

本体神经肌肉促进拉伸是有效提升关节活动度的拉伸方式，但需要同伴进行辅助。因其操作过程相对复杂，且对辅助者的经验提出了一定要求，幼儿间相互辅助完成PNF拉伸的可行性较低。因此，该拉伸方式并不适合幼儿。对坐位体前屈测试成绩为 −1—3 分的15名8—12岁少年进行15分钟腘绳肌、踝关节跖屈肌和竖脊肌筋膜梳理后，即刻采用PNF每腿3个拉伸幅度各两组的干预，坐位体前屈成绩提高 5—7 厘米。PNF 虽然不适合在幼儿教学中普遍应用，但是对于关节活动度显著低于平均水平或双侧关节活动度差异较大的个别幼儿，教师可以采用 PNF 进行有效强化。

针对直膝条件下髋关节屈曲的关节活动度强化（主要拉伸肌群与坐位体前屈一致，均为腘绳肌），可以采用仰卧直膝屈髋的姿态，练习者仰卧平躺，辅助者将练习者一侧下肢直膝抬起，练习者踝关节保持背屈，在腘绳肌有轻微拉伸不适感的位置停留 10 秒。练习者腘绳肌收缩，辅助者双手控制练习者下肢，用力方向与练习者相反并形成对抗，且力度一致，使练习者下肢保持稳定，该过程持续 10—15 秒。此时，练习者在肌肉被拉长的状态下主动收缩腘绳肌，触发高尔基腱器，使拉伸目标肌群反射性地放松，即实现了更大的关节互动度。

（三）动态拉伸

很显然，发展关节活动度的直接目标并非提升体质测试或体育考试成绩，而是通过关节活动度的均衡和发展过程促进运动表现。而仅采用静态拉伸发展关节活动度并不能高效运动促进目标。在运动中，关节活动度的表现必须结合平衡、协调、姿势控制、感知能力才能将其效能迁移至具体技术动作中。没有适当的动作控制，即便提升了关节活动度也不会达到最佳表现。动态拉伸因其移动性和关节的动态运动过程，整合了平衡、协调、控制与感知，有利于关节活动度向运动表现的高效迁移。除此之外，动态伸展还具备以下优势，如表 3-1 所示。

将基本动作模式融入动态伸展中，便可建立两者相互促进、相互支撑的机制。动态拉伸的动作相对平缓，为基本动作正确性创造了条件。在此基础上，利用包含下蹲、弓步、旋转等动作的拉伸过程，可以附带实现基本动作模式的巩固与发展功能。动态伸展固有的优势和特点有助于幼儿教师丰富准备活动内容，使准备活动更具设计内涵和创造性。不断变化的动作方式能够激发幼儿的好奇心和模仿、学习欲望。同时，动态伸展的复合式运动能够实现多肌群的同时伸展，符合幼儿体育教学时间紧凑的客观实际，并能够在冬季温度较低的室外环境中，帮助幼儿更好地提高和保持肌肉温度，有利于后续体育课程运动表现的提升。

表 3–1　　　　　　　　动态伸展的优势

1	帮助幼儿强化基本动作模式
2	可在准备活动中依据后续体育教学内容的动作需要对动态伸展进行设计，有针对性地促进幼儿体育课程运动表现
3	复合形式的运动节省了教学时间（一个手段可以实现多组肌群的活动和拉伸）
4	有助于提高和保持温度
5	提供了动作组合的机会

资料来源：笔者根据《美国国家体能协会体能教练认证指南》总结而成。

（四）多因素发展模式的案例设计分析

为了整合一个教学练习手段的多种因素，实现单位时间内的教学效果最大化，较为常见的是平衡与力量整合、力量与关节活动度整合、平衡与关节活动度整合，力量、平衡与关节活动度三者整合。本章以一个多因素发展整合的教学设计——小猫钓鱼为案例，详述一个游戏融入力量发展、平衡发展和关节活动度发展的设计内涵与原理，为幼儿教师进行相关的教学设计提供参考。

1. 多因素教学——小猫钓鱼的基本操作步骤

幼儿头戴鱼竿帽（可将小安全帽顶固定于环状物体，适宜长度的绳子系于冒顶，另一端系有软性钩状物，不可使用尖锐物体），地面摆放小鱼，鱼背部有直径 5—8 厘米的环圈，幼儿单足支撑地面、双手叉腰，支撑腿直膝或微屈膝，髋关节转动使身体在矢状面向前旋转，头颈位置降低，非支撑腿直膝后摆抬高，勾住地面鱼环后回到起始位置。

2. 多因素教学——小猫钓鱼的设计原理与功能

单足支撑配合以髋为轴的较大幅度运动对平衡形成了有效刺激和挑战，在头颈位置降低的钓鱼过程中，腘绳肌起点位置向远端移动，使腘绳肌得到有效牵拉。为了控制鱼钩的位置，下降过程是缓慢的，降低了肌肉拉长过程触发肌梭的可能性，规避了关节活动度发展的不利因素；勾环过程为游戏头颈最低点位置，游戏设计被动延长了幼儿最低点持续的时间，表现出了与静态拉伸相似的特点，体现了静态拉伸发展关节活动度的优势；在身体还原过程中腘绳肌的收缩需要对抗来自躯干的自重阻力，实现了腘绳肌的力量强化功能。该游戏的设计过程再次提示幼儿教师，游戏是实现功能的载体，故先制定目标、再思考功能、最后依据功能设计游戏。幼儿参与动机和兴趣是游戏设计质量评价的标准之一，主要的评价依据是目标与功能是否得以实现。

因器材、场地等客观条件各不相同，多因素教学案例的设计并不适合照搬式的模仿，而应该在深入理解其原理与功能后，提升自身教学设计水平，使教学设计更具功能性。

3. 多因素教学——小猫钓鱼的竞争与协作因素导入

（1）分组竞赛

教师将教学班级中的幼儿分为若干团队，在规定时间内钓鱼数量多者获胜。需要注意的是，一般情况下不对所有团队钓鱼数量进行排名。强调优胜团队，能够有效调动幼儿参与的积极性，有助于建立团队协作意识和竞争意识。

（2）多人协作钓鱼

以三人、四人为一个团队，手拉手，相互形成稳定支撑进行钓鱼游戏，有助于构建幼儿团队协作意识。当团队中的一名参与者出现了重心不稳定的情况时，左右两边的团队成员可为其稳定提供一定支撑。该过程有助于构建团队成员相互支撑完成任务的意识启蒙。

在实现身体教育功能的基础上,通过组织设计的变化,对实现思想、意识层面的拓展功能是有利的,而忽略基本功能和目标的实现,单方面地强调拓展功能弊大于利。

(3)钓鱼游戏与其他运动的结合

将跑、跳等教学内容与钓鱼游戏相结合,适合平衡能力较好的5—6岁幼儿,他们已经在钓鱼游戏中有较好的表现。跑、跳过程使心率和呼吸率提升,在这样的状态下对平衡的控制形成了进一步的挑战。在游戏设计中,"动"(跑、跳跃等)与"静"(平衡、关节活动度等)的结合,增加了后者的完成难度,教师在设计时需要考虑幼儿在该条件下是否具备完成游戏的能力。

第四节　幼儿速度能力发展

一　幼儿速度能力发展的意义

(一)速度能力是幼儿未来运动技能学习的重要基础

在义务教育阶段的体育教育过程中,教师的"教"与学生的"学"都有需要研究和改进的因素。就学生的"学"而言,中国体育教学目前仍未实现"幼小衔接"(小学运动技能学习的幼儿阶段基础构建,非幼儿体育教学小学化或提前学习小学阶段运动技能),幼儿园阶段与小学阶段的体育教学完全割裂。速度能力是幼儿进入义务教育阶段运动技能学习最为重要的基础能力之一,是构建幼少儿运动学习能力和技能学习自信心的关键因素。在速度能力缺失的情况下,必然严重制约专项运动技能学习的效率。三大球、三小球、田径等主流运动项目的学习、竞赛高度依赖速度能力。速度也是多数主流运动项目的核心指标。

本幼儿体育教学体系中的速度能力是指,幼儿利用自身具备的力量与爆发力,以及相对合理的运动生物力学,在各方向快速移动身体的能力。研究表明，幼儿位移技能广泛出现在体育游戏和日常活动中，若移动动作发展滞后，可能会导致幼儿的体力活动水平不足，对幼儿的体质健康产生负面影响[①]。

移动速度能力看似是一种单一的身体素质，实则为多方面能力的综合体现。移动速度能力构成要素包括了神经—肌肉的协调性、力量、爆发力、生物力学等。在幼儿的速度发展中，初步构建运动生物力学认知是尤为重要的，这种技术启蒙认知的构建对于未来学习各种专项技术具有潜在而重要的影响。这种启蒙的概念并不是向幼儿灌输生物力学知识，这显然是不符合教学对象年龄特征的行为，而是指通过正确和错误的示范及练习体验，逐步让幼儿构建初步的技术意识。另外，爆发力与速度能力存在千丝万缕的内在联系。也可将速度看作是爆发力通过生物力学的表达，教师需要了解这些内在联系，才能在教学中合理设计速度与爆发力练习的顺序及组合。

（二）敏感期的速度、节奏感开发事半功倍

3—6岁是高频节奏发展的敏感期，高频率的摆动节奏是快速移动能力的必要条件。高频节奏的表现依赖神经系统的灵活性，在高频节奏下的移动中，伸髋—屈髋肌群需要完成快速的拉长—缩短转换。幼儿在高频节奏跑练习初期的动作僵硬表现，很大程度上由于转换问题导致，当主动肌工作时，拮抗肌出现了过度的参与，在任何运动项目的所有动作中，这种情形都会对运动表现产生消极影响。当幼儿通过练习，拮抗肌能够相对松弛（适度紧张）时，就能表现出更放松的动作和更快的动作节奏。这个过程不仅提高了幼儿的动作频率，同时也发展了幼儿的神经—肌肉灵活性，提高了运动的经济性。与青少年发展速度能力不同，幼儿主要通过技术与神经层面

---

① K. S. Iivonen, A. K. Sääkslati, "Relationship Between Fundamental Motor Skills and Physical Activity in 4-Year-Old Preschool Children", *Perceptual and Motor Skills*, Vol. 117, No. 2, 2013, pp. 627–646.

刺激速度能力的发展，而神经—肌肉能力的发展极大地拓展了功能广度，其效能辐射到了大多数主流运动项目。

（三）速度是敏捷能力发展的基础

直线移动速度在幼儿身体素质发展中的地位较为特殊，既是爆发力的表现形式，也是敏捷能力的基础。主要表现为直线的加速能力，即最大速度决定了敏捷能力的上限。在速度能力薄弱的条件下，利用绳梯或类似工具发展敏捷素质是幼少儿敏捷能力发展的普遍认知误区。敏捷能力的基本要求之一是在快速移动过程中通过有效的制动和再加速变换运动方向，而绳梯的练习范围严重限制了移动的速度，方向和动作的变化均在低位移速度中完成，因此具备灵活性发展功能，但不具备敏捷性发展功能。因此，针对幼儿，应首先构建敏捷的重要基础，即直线加速度。

（四）速度是主流运动项目的核心竞技能力

速度发展不仅影响幼儿未来的运动技能学习效率，也决定了幼儿未来在专项运动中的表现。作为核心竞技能力，速度是多数运动项目选材的关键指标。在众多运动项目中，优秀运动员都表现出了更为出色的速度能力。在幼儿阶段构建速度发展需要的神经—肌肉协调性，以及正确的动作模式，对于未来各时期的速度发展都具有重要意义。更为优秀的速度能力，为幼儿未来在主流运动项目中的长远发展，达到更高水平奠定了基础。

二 幼儿速度发展的误区

（一）速度发展模式成人化

当前，中国幼儿体育教学陷入了两个极端。一个极端为教学内容和体系成人化；另一个极端为过度追求游戏的娱乐化。在速度发展中，这两种极端表现都存在严重弊端。成人化的速度发展显著增加了幼儿疼痛与损伤的风险，而游戏中的速度因素融入无法实现动作模式的构建。

影响速度的因素有很多，对3—6岁幼儿而言，良好的节奏感培养、神经—肌肉协调性的强化、移动生物力学的正确模式构建是构成幼儿速度发展的关键因素。当然，在力量和爆发力发展过程中，速度能力也会伴随性地提高。如果为了提升速度能力，过度开发幼儿的力量与爆发力，就等于陷入了幼儿体质健康与运动表现发展成人化的误区。力量与爆发力发展的主要目标是解决幼儿体质健康问题和奠定义务教育阶段的运动学习基础，速度能力的发展应主要依靠神经系统与生物力学开发。

（二）速度练习等于快速跑

不论幼儿还是青少年，亦不论体育教学还是运动训练，用快速跑发展速度的理念较为普遍，甚至将两个概念等视，认为可以互换使用。快速跑是速度能力的集中表现，也是速度测试的重要手段。但是，速度发展需要理解快速跑能力构建的不同需求，从这些需求中找到哪些因素符合幼儿阶段的生理特征，才有可能摆脱幼儿速度发展的认知误区。幼儿阶段神经系统高速发展，也是基本动作模式构建的黄金期。通过以上两个因素发展幼儿速度能力是符合基本规律的。发展速度和表现速度两者共同组成了幼儿速度能力构建的要素。以上信息提示幼儿教师，单纯通过"速度表现"难以实现"速度发展"的目标。

（三）练习持续时间的控制

速度属于高强度练习，幼儿神经—肌肉维持高强度的时间较短，高质量地发展幼儿速度能力需要严格地控制单次练习的持续时间。幼儿甚至少年阶段的速度发展中不建议融入耐力因素。100米是距离最短的室外短跑项目，但是对于幼儿或小学低年级学生而言，这个距离已经涉及速度耐力，会产生较大的不适感，幼儿在练习中容易出现疲劳并产生恐惧。速度因素的相关练习控制在3—6秒较为适宜，超过这个时间区间，幼儿的动作速度、位移速度等和速度练习质量密切相关的因素都会出现不同程度的下降。

三 幼儿速度、敏捷发展的思维与方法

在理论研究领域，学者们普遍关注幼儿速度测试的结果，鲜有学者对速度发展的过程进行深入研究。在中国幼少儿体质健康水平堪忧的现状下，理清符合幼儿年龄特征的速度发展规律，探索幼儿速度发展的方法和底层逻辑是亟待解决的实践性问题，相对测试结果的分析讨论，过程的科学优化则更具实践应用价值，是解决问题的核心。

（一）幼儿速度与敏捷发展策略

跑的运动生物力学构建并非运动员专属。跑是基本动作模式之一，是人类生存的必备运动技能。跑的基本技术不仅涉及跑的速度，还涉及疼痛与运动损伤。跑的技术是跑的能力的重要表现，幼儿通过科学合理的生物力学干预，能够实现位移技术优化的教学目标。

通过体育教学是否学会了跑？通过对幼儿园至大学不同年龄段学生的实践观察似乎可以找到答案。从幼儿园到大学，体育教学没有帮助学生构建正确合理的基本动作模式，甚至体育教师也无法清晰地描述如何跑、如何快速移动、如何科学地发展相关能力，这是导致十几年体育教学中学生未能掌握基本正确跑姿的主要原因。教师对跑的基本技术认知的局限，体育教学中对基本技术的忽视，导致了学生速度能力普遍性弱化。

在幼儿速度发展中进行生物力学干预并不是向幼儿介绍生物力学知识，而是通过练习帮助幼儿掌握在不同方向移动身体的基本技能，逐步修正不符合运动生物力学的动作结构，实现宏观层面的基本合理技术，初步构建义务教育阶段多项运动技能学习的重要基础。

（二）幼儿速度与敏捷发展的基本逻辑

幼儿的速度能力发展需要遵循一定的逻辑规律。在一种速度能力被构建的基础上，依靠该能力实现进阶后的另一种速度能力的发展。目前，中国幼儿的速度发展以直线快速跑为主，这种单一的且缺乏逻辑进阶的速度发展思维不利于幼儿高效、全面地构建速度能力。

1. 直线加速

如图3-16所示，在幼儿速度发展中，应先构建直线加速能力，再构建直线最大速度能力，之后发展一定速度条件下变换运动方向的能力。在变换方向能力发展中，先发展大角度变换方向的能力（位移过程速度变化不显著），再发展小角度变换方向的能力（位移过程速度变化显著），最后是速度在不同场景下的综合运用能力，这

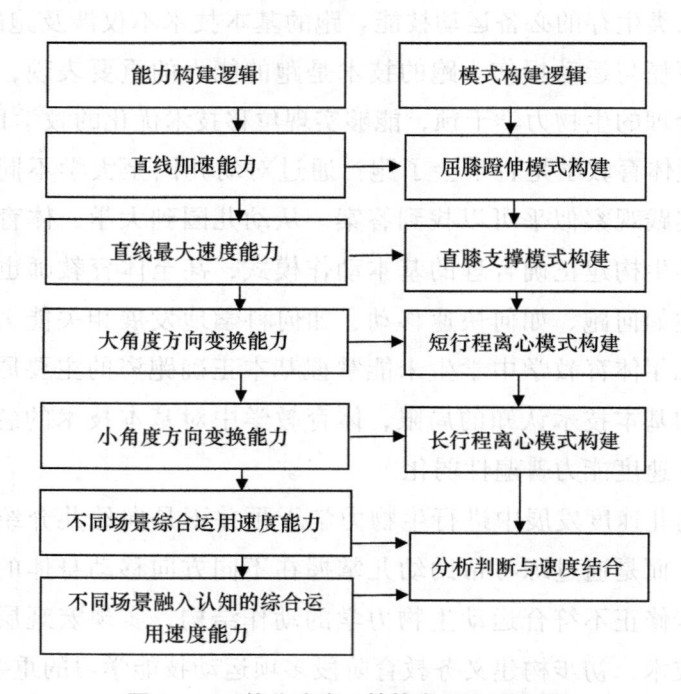

图3-16　幼儿速度—敏捷发展进阶逻辑

些因素都是小学阶段的运动技能与运动表现基础。在义务教育阶段，运动表现不佳的学生难以获得运动乐趣，无法形成乐趣—兴趣—志趣的发展，丧失了专项运动参与的主观能动性，严重限制幼儿后续接受体育教育的效果。

在义务教育阶段的体育教学中，技能与动作学习必然伴随着刻意性，表现为主观努力修正和控制，是有意识的学习与改进行为。幼儿的理解能力，以及在此基础上表现出的动作控制能力不能满足有意识和目标条件下的有效学习。因此，教师需要依据一定的速度发展逻辑来实现既定教学目标。以速度发展为目标的幼儿体育教学内容中，包含了不同速度发展阶段需要的生物力学和相关技巧。幼儿完全不必了解练习目标和功能，基于教师的引导，在完成教学手段的过程中自然地形成速度发展的生物力学优化，逐渐实现技术改进。例如，在加速能力发展中，利用软式小雪橇完成既定距离的推跑，教师只需要在把杆上粘贴标记，告知幼儿手接触把杆的位置和高度即可。在练习中，幼儿将逐步建立有利于快速摆脱静止状态的技术。在有阻力的条件下，幼儿会自然倾向于更好的加速生物力学，具有非主观控制特征。幼儿会将足部落地点的位置自然向后调整，降低身体重心并表现出更小的身体与地面角度。而这些改变都是在教师没有进行专门指导，仅通过水平阻力的施加，身体进行的自然调节结果。幼儿教师需要通过智慧创立更多类似的"幼儿非刻意努力的自然习得哲学"。

2. 最大速度

最大速度发展需要从问题视角出发。首先需要明确的是，仅仅通过幼儿园的体育教学，幼儿几乎不可能掌握最大速度的合理技术，因为幼儿的力量与神经—肌肉发展不能满足复杂技术的学习需求。在该年龄阶段最大速度的发展重点在于解决核心问题，为进入小学后发展相关能力奠定基础。在接近最大速度或达到最大速度阶段，最显著的是支撑重心问题，长期从事体育教学的教师会发现，学生跑的支撑阶段普遍膝角偏小，学生们在这个阶段更多地倾向于股四头肌的使用，而不是腘绳肌和臀大肌，这种错误的力学模式并不会随着年龄的增长和力量能力的提升而改变。因此，从幼儿阶段进行有效介入的必要性极高。

导致以上问题与体育教育过程中长期忽视肌力平衡有关。学生倾向性地使用优势肌群，导致肌力失衡加剧，肌力的失衡会潜在地影响生物力学。因此，在幼儿最大速度发展中，前瞻性地排除影响小学阶段相关能力发展的抑制因素是教学的主要目标。与直线加速发展的思维一致，采用"直膝跑"可以有效干预支撑的动作模式。当然，融入竞技和游戏因素可以更为显著地体现"自然习得"的快乐，排除"刻意习得"的枯燥感。背对背系腰带和牵引绳的直膝跑拔河比赛可以显著提高练习的强度和专注度。但需要注意练习时的风险因素，背向练习中被牵引一方存在向后摔倒的可能，需要放置软垫等进行保护。

3. 大角度方向变换

大角度变换方向涉及敏捷性的发展，前已述及敏捷发展以速度为基础，也可将敏捷视为速度能力在特殊情境下的综合性运用。在快速跑中变换方向的能力是团队及羽毛球、网球等项目需要的核心能力。幼儿对敏捷发展较为敏感，当幼儿具备了一定的直线位移速度基础后，融入一定的敏捷因素，可建立速度练习与小学阶段专项运动技能学习的桥梁。

大角度的方向变换包括以下特征：原有速度能得到更多保持，方向变化制动较少，离心收缩行程较短，制动对关节的冲击较小。方向的改变对基本动作模式——蹲，提出了较高的要求，不良的力线排列将导致离心减速和向心加速两个阶段的"能量泄露"，影响动作表现并增加关节疼痛风险。在大角度的方向变换敏捷练习中，教师可以采用标志桶、标志盘、标志杆的直线排列方式。在这种排列方式下，较大的变向角度降低了练习的难度，后续渐进式地提高摆放标志物的横向距离，以减小变换方向的角度，提升练习难度。

4. 小角度方向变换

随着幼儿离心力量能力的提高和减速生物力学模式的逐步构建，练习的方向变化可以过渡到0°。需要注意的是，0°练习不能是正面与背面的关系，即相同的路径向前和向后跑动。幼儿敏捷练习中不能出现背对运动方向运动的情形，这是极度危险的练习方式。幼儿方向感觉和时间、空间感觉仍在发展中，背对运动方向的移动中容易跌倒，幼儿腹直肌和胸锁乳突肌等肌群力量薄弱，向后跌倒躯干触地瞬间肌肉不能对后脑撞击地面起到足够的缓冲保护作用。在180°敏捷练习中，可以设计为侧对运动方向移动，以确保练习的安全性。

（1）L敏捷接力竞赛

依托之前掌握的加速生物力学，幼儿面对转折点进行直线加速。之后进行90°的方向变化，仍然面对跑进方向，在跑至终点时向左后方或右后方转身（由教师提出具体要求），沿起点与终点间的直线返回起点，将接力棒传递至下一位。

（2）L敏捷接力竞赛的衍生变化与功能拓展

拓展模式一：第一个直线加速过程侧对转折点，转折期间运动方向变化，身体不发生转动。这种情形在团队项目实战中经常出现，强化了自身方向保持下运动方向变化的敏捷能力。

拓展模式二：第一个直线加速过程侧对转折点，转折期间身体方向和运动方向同时发生变化，难度高于拓展模式一。主要体现在转折阶段幼儿需要完成两个维度的转变，一个是运动方向90°的变化，另一个是身体方向180°的变化。单位时间内更多的任务，增加了神经—肌肉系统的工作负荷。

拓展模式三：在到达终点至返回起点的路线上放置标志物，将直线加速返回交接棒的过程融入敏捷因素。拓展模式三可以与拓展模式一和拓展模式二进行结合，这样 L 敏捷练习可以衍生出近十种不同的练习模式，其发展侧重点与难度也各不相同，教师可以根据幼儿速度与敏捷发展的实际情况进行变化和调整。不同的练习难度也给予了教师分层教学的参考和依据。

（3）N 敏捷竞速抢球

N 敏捷练习的跑动路径包括两个直线、一个切线，两个直线跑采用面对运动方向的方式，切线跑采用侧对运动方向的方式。在终点处放置标志桶，先触摸标志桶顶端者胜出。教师可用标志物摆放两至三个 N 型，注意每个 N 型之间的间隔距离，避免出现竞赛中的意外碰撞。两至三名幼儿听到哨声后同时出发。直线加速阶段可放置不同的障碍物以使幼儿改变行进路线，进一步提高敏捷难度。不同的标志物应配合不同的要求，标志桶采用触摸方式，标志杆采用绕行方式。该练习也可以参考 L 敏捷接力竞赛的衍生与功能拓展进行变化，需要充分地考虑幼儿的能力，以评估变化后练习的安全性。

（4）直线 0°方向变化练习

教师横向摆放标志盘 6—10 个，幼儿侧对运动方向，从第一个标志盘出发，以进 2 退 1 的方式进行练习，从近端第一个标志盘开始按 1、3、2、4、3、5、4、6 的行进规律进行跑动，跑动中位移方向发生变化，身体方向不发生变化。教师可以控制的变量为标志盘之间的距离，距离越大速度越快，需要的制动力越大，对离心能力的要求越高。

横向跑中摆放标志盘和标志桶的区别在于，幼儿触摸标志桶时髋关节和膝关节屈曲的幅度更小，有利于用更快的速度和更短的时间完成方向的变化。而标志盘的位置更低，幼儿需要一侧髋关节和膝关节更大幅度地屈曲，动作时间延长，速度减慢。从以上两种器材的练习效果差异可以看出，相同的练习模式，标志盘更有利于幼儿在敏捷的基础上强化力量，对幼儿的下蹲基本模式的正确性要求更高。而使用标志桶则更有利于幼儿在敏捷的基础上强化速度。两种练习侧重点不同，各有其优势所在，需要教师根据不同的发展目标灵活应用。

（5）融入认知的速度与敏捷练习

义务教育阶段需要学习的团体项目中，快速跑与身体及运动方向的各种变化均是在开放条件下产生的。速度、方向的变化均基于参与者对场上技、战术形势的分析和判断产生。封闭式的速度敏捷练习中，练习行为被预先设计，包括身体方向、加速距离和行进方向的变化等。封闭条件下进行的速度、敏捷练习所积累的能力是开放练习的基础。是否在大班（5—6岁）阶段进行开放性的速度敏捷练习，取决于封闭式速度敏捷教学的具体效果。

将视觉扫描、分析判断、行动进行结合是敏捷融入认知的具体表现。教师可以利用T形路线和Y形路线实现敏捷发展中的认知功能。两个练习都是在直线加速至"路口"瞬间，依据教师发出的声音（听觉）或动作（视觉）指令选择跑动的方向，到达一侧终点后再次原路回到"路口"，往复多次进行练习。教师发出指令需有一定的提前量，以保证幼儿动作完成的连贯性。在指令上，可以用手势在T、Y两端摆放颜色不同的标志桶，教师手拿两个与标志桶颜色一致的标志盘，当幼儿接近"路口"时，教师快速出示标志盘，学生向教师所出示标志盘同色标志桶的方向行进；也可采用与教师手势或标志盘示意路径相反的方向行进的设计策略，这样增加了幼儿分析判断的难度。教师也可以在保证练习功能得以充分实现的基础上进行一定的故事场景设计，融入一定的游戏因素，激发幼儿的练习兴趣。

第五节　幼儿力量与控制能力发展

一　幼儿力量与控制能力发展的意义

（一）力量是除关节活动度外所有身体素质的基础

目前，评价身体素质使用的主要指标是速度、耐力、爆发力、力量、关节活动度、平衡、协调、敏捷等。除关节活动度外，所有的身体素质发展均依托力量素质或与力量素质存在交互关系。

幼儿生活方式的显著变化带来的最直接影响就是力量素质的下降。力量是爆发力的基础，爆发力的表现必须基于一定的力量水平，从爆发力发展的周期设计也可以看出，力量能力的全面提高是周期构建的基础。力量也是速度能力的基础，速度表现优异的幼儿均具有较好的力量水平和均衡的局部力量。力量能力也是良好生物力学表达的基础，生物力学决定了力量输出的有效性，而力量决定了生物力学表达的效果。力量与技术间存在复杂的交互作用，这种交互作用不仅存在于影响速度的生物力学中，也几乎存在于所有主流运动项目的核心技术环节中，没有力量就无法实现运动技术的改进和掌握。力量能力薄弱是义务教育阶段学生专项运动技术学习效果不理想的主要原因之一。敏捷素质以力量为基础的表现，主要体现在快速的运动方向变换中离心力量所起到的关键作用。速度依赖于好的力量能力，而敏捷则以速度和力量为基础。力量对耐力素质也产生重要影响，力量能力是重要的经济性因素，能显著降低持续运动中的能量消耗。在相同运动强度下，力量水平更优者能以更低的强度百分比进行运动，可以使用更少的能量物质完成运动，无疑延长了既定强度下的运动时间。

平衡能力的发展可有效提升神经系统控制肌肉的灵活性，但最终调节人体各关节位置的仍然是肌肉。例如，核心区力量对平衡起到了至关重要的作用，平衡能力需要肌肉力量作为基础性支撑。综上所述，幼儿阶段力量的发展对全面构建身体素质基础意义重大。

（二）优先发展力量能力符合中国幼儿体质健康现状

中国幼儿体质健康问题背景复杂，包含多维度的社会发展因素，这些因素是全球面临的共性问题。幼儿中强度以上的肌肉活动显著减少，在幼儿体育教育体系中，力量练习也普遍被认为不符合幼儿的生理特征。在幼少儿艺体培训机构中，跆拳道、球类、舞蹈等鲜有针对性的力量能力发展目标和计划。义务教育阶段虽有明确的目标和教材，但在力量发展层面，其内容的实践操作性有待提高，难以在实践中解决具体问题。在这样的幼少儿体质健康问题成因背景下，系统构建力量练习思维与方法能够给予教师更为直观明确的指导，是改变传统认知误区和幼、少儿力量能力薄弱现状的重要举措。

（三）通过力量强化形成的控制能力可有效促进幼儿当前与未来的运动表现

在幼儿阶段，构建良好的躯干控制能力是后续运动技能学习中四肢控制的基础。核心区是所有技术动作动力链传递的起点或重要枢纽，躯干稳定是核心区稳定的关键，以躯干为主的核心区稳定有利于动力链传递效果的提升。例如，在幼少儿投掷类测试中，对核心区力量与控制能力均提出了较高要求，具备一定的躯干有效控制能力才能表现出枢纽的再加速作用。控制力是最容易在体育教学中被忽略的关键内容，而力量能力是控制力的基础。

二 幼儿力量发展的误区

（一）力量训练违背了幼儿生理、心理发展特征

幼儿不能进行力量训练的观点长期而普遍地存在于家长甚至体育教育工作者中，认为力量练习会抑制幼儿骨骼的生长，影响身高。

在少年力量训练中，普遍认为不能进行杠铃类的力量练习，其原因与幼儿力量发展认知误区类似，均认为会对身高产生不利影响。目前，没有任何一个领域的实证研究论证了杠铃练习会影响骨骼的生长。相反，适宜的关节压力能够促进骨骼生长。幼儿不宜进行杠铃练习的原因是他们的力量与控制能力尚不能满足杠铃练习的条件，而不是因为上述臆想的力量训练危害。不论从补短板的视角来看，还是力量在幼儿体质健康中的基础作用来看，力量训练都应该更高比例地出现在幼儿体育教学中。

（二）以偏概全的核心控制训练

幼儿的核心控制往往容易陷入以仰卧起坐为主要练习手段的腹直肌力量发展思维中。长久以来，仰卧起坐一直作为各年龄段体质健康测试的主要手段。但仰卧起坐作为发展核心力量能力的练习是否适合幼儿，值得斟酌。在幼儿的核心控制中应该重点抓住"脊柱稳定"这个关键词，脊柱稳定能够带来更为优越的上下肢发力条件，可以帮助幼儿提高运动表现。脊柱需要构建多方向的稳定能力，主要包括对抗屈曲、伸展和侧曲的能力。从小班阶段的静态对抗逐步发展至大班阶段的动态对抗。基于目标和功能认知，仰卧起坐并不适合幼儿练习。

（三）幼儿力量发展不可负重

自重练习在幼儿力量发展中起到了绝对重要的作用。但软式药球等软性、弹性物体负重的搬运、跳跃、抛接，如操作得当对幼儿不会造成伤害，反而可以促进神经—肌肉系统的进一步发展。过多的高趣味性、低功能性游戏设置是当前幼少儿体育教育效能不理想的主要原因之一。当幼儿渐进性地将力量能力提升至可适当负重的水平后，再融入一定的引趣和竞争因素，其体质健康水平提升的功能远高于单纯的趣味游戏。虽然在当前已有的游戏设计中也能普遍看到各种目标和功能，但这些目标和功能往往过于主观，难以进行量化和评价,且缺乏体育科学依据。

三 幼儿力量发展的思维与方法

(一) 从运动需求视角出发均衡、全面地构建力量能力

"全面"是幼儿力量能力构建的核心。在幼儿力量发展中,不存在任何专项特征的倾向性,力量能力基础构建的基本要求是实现全面的力量能力发展,包括上肢、下肢、躯干、骨盆的力量能力,以及各个关节在各轴、各面的运动中所表现出的力量能力。这种力量能力发展视角除了"全面"外,也前瞻性地帮助幼儿解决了部分体态问题并降低了运动损伤风险。例如,常规的髋关节力量发展为伸髋和屈髋力量,但是髋关节外展、股骨外旋力量能力的提高能够帮助幼儿构建更为合理的屈髋、屈膝力线,对提升运动表现,防止膝、踝关节在高负荷运动后的疼痛有重要价值。

在幼儿力量能力均衡发展层面,教师可以默认幼儿腘绳肌力量与股四头肌力量处于失衡状态。以上功能相反肌群力量能力差值的减少,对幼儿当前和未来构建跑的合理生物力学具有重要的促进作用。因此,幼儿力量均衡而全面发展的意义涉及多个维度,包括基础构建、技术发展和损伤预防。

(二) 从高负荷量、低强度逐步过渡至低负荷量、高强度

在幼儿的力量能力发展中,其强度主要由两个维度体现。幼儿肌肉对抗的阻力大小,阻力大即强度高。强度也指动作完成的难度,神经系统在完成多肌群、多关节的多任务工作时强度更高;强度也体现在幼儿完成练习的动作速度上,如对抗自重练习时,动作速度越快,强度越高。以上强度变量在幼儿的力量训练中必须此消彼长。负荷量,主要指幼儿力量练习中动作完成的次数、组数。在由小班向大班的力量因素教学进阶过程中,力量练习先从相对高的负荷量和相对低的负荷强度开始,在这个发展阶段中,幼儿动作速度较慢,

为进一步提升动作质量创造了条件。低强度的练习降低了动作难度，一般重复次数较多，为构建正确的动力定型创造了条件。同时，在多次数的练习中可兼顾发展幼儿的心血管系统机能。以上因素都是力量能力在好的生物力学条件下高强度输出的基础。这意味着幼儿最初接触力量练习时，多次数的高负荷量（相对于后期高负荷强度下的负荷量），既有利于基本动作模式的构建，也有利于心血管机能在一定范围内的提升。

四　幼儿力量发展的进阶过程

（一）幼儿肩关节力量发展

从解剖学视角看，肩关节功能包括屈曲、伸展、内收、外展、内旋和外旋。这些功能无法取舍，对于幼儿的动作功能发展都非常重要。例如，幼儿体质健康测试中投掷网球的上肢动作就包括了肩关节离心（超越器械）阶段的肩关节屈曲、外旋，以及向心阶段（最后用力）的肩关节伸展、内旋和腕关节的屈曲。结合幼儿未来的专项运动技能学习，排球、篮球、网球、乒乓球、武术、游泳等项目，对肩关节在各维度运动的力量和关节活动度都提出了较高的要求。针对幼儿的肩关节力量能力均衡发展还有一个重要的价值，即抑制圆肩、驼背等不良体态的出现。

肩关节力量发展教学设计案例——蝴蝶飞

幼儿上肢在克服自重条件下的练习效果相对下肢而言并不理想，因为阻力过小，无法实现低负荷量向高负荷强度的进阶过程。同时，哑铃等常见的上肢负重设备并不适合幼儿使用，存在安全隐患。

幼儿双臂套入蝶翅（也可用小于 0.5 千克可握持的软性物体代替），利用空气动力学原理，可以安全地实现利用空气形成的阻力增加神经—肌肉工作强度的效果。幼儿可以从原地练习进阶至身体位移练习。在身体位移练习中，可由直线位移过渡到变换方向的位移，即融入了一定的敏捷因素。

练习案例一：原地额状面肩关节外展、内收

与蝴蝶、鸟类飞行中翅膀的运动方式一致，教师让幼儿根据音乐有节奏地挥动翅膀。教师可以控制的变量包括幼儿肩关节外展、内收的动作幅度，动作速度和动作节奏。全幅度的练习在提高力量水平的同时也有助于幼儿关节活动度的提升。在该练习中，如果采用全幅度，对幼儿胸部肌群能够产生更为明显的伸展效益。

练习功能拓展——飞得稳

飞得稳强调了上肢力量与平衡的结合。幼儿单手叉腰，单臂进行练习，如图 3-17 所示。这样兼顾发展了幼儿躯干对抗侧曲的稳定能力。单侧肩关节在空气阻力条件下完成外展和内收，对躯干的额状面稳定性提出了更高要求。在此基础上，采用单足支撑的方式进行练习，能够进一步发展幼儿的平衡能力，如图 3-18（3）和图 3-18（4）中的动作所示。当然，双臂运动结合单足支撑也可以发展幼儿平衡能力，其难度低于单足支撑条件下的单臂练习。如果教师能够理解功能

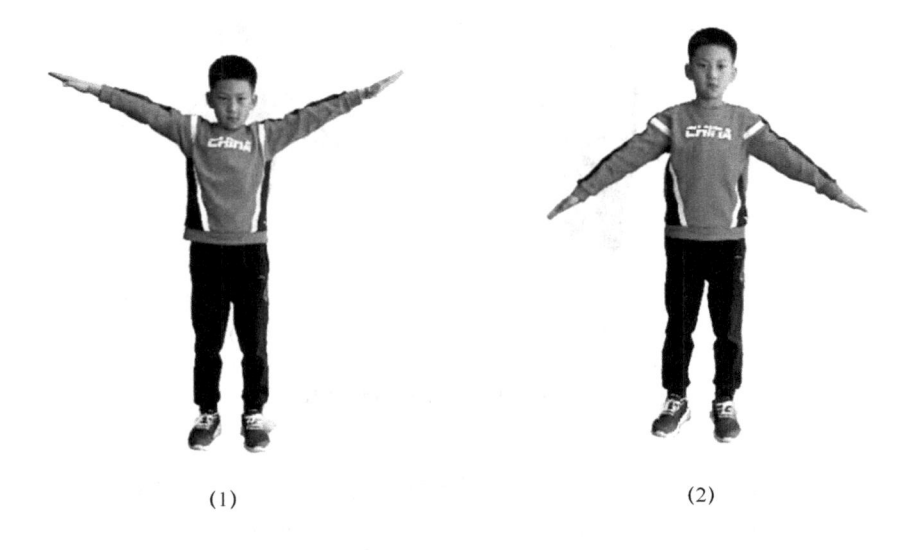

(1)　　　　　　　　　　　(2)

图 3-17　原地额状面肩关节外展、内收系列分解动作

(1)　(2)　(3)　(4)　(5)　(6)

图 3-18　飞得稳系列分解动作

拓展的原理，就可以此为据，不断研创新的练习模式。例如，上肢动作不变，需要融入平衡因素时，可以采用弓步姿态进行练习，如

图 3-18（5）和图 3-18（6）中的动作所示。在此基础上如采用单臂练习，会因双脚前后支撑的位置不能为额状面的稳定性提供有效支撑，从而显著增加了稳定控制的难度。

练习功能拓展二——飞得高

飞得高强调了上肢力量与下肢爆发力的结合，融入了下肢的垂直跳跃动作。幼儿带上翅膀会有非常强烈的飞翔欲望，教师可以通过语言的引导——"比一比，看谁在空中翅膀扇动的次数多"，来强化幼儿上肢的动作速度和动作节奏。这个练习的设计特点结合教师的引导能够有效实现下肢爆发力（更长的腾空时间）和上肢快速力量（更多次数的肩关节运动）的结合（如图 3-19 所示）。在练习中也会对幼儿的协调性形成一定的刺激。

（1） （2）

图 3-19 飞得高系列分解动作

练习案例二：原地水平面肩关节屈曲、伸展

幼儿双臂前平举，以此为练习动作起点，在水平面做肩关节伸展，至最大幅度后回到起点，循环往复，动作类似于鸟类依靠翅膀进行制动（如图 3-20 所示）。该练习可以有效提高幼儿胸部及上背

(1)   (2)

图 3-20　原地水平面肩关节屈曲、伸展系列分解动作

部肌群力量。除发展肩关节肌群力量外，也能够兼顾发展幼儿肩关节水平面伸展的关节活动度，对预防圆肩、驼背，保持优良体态具有一定作用。此功能的实现，需要教师对动作幅度进行一定的要求。

练习案例三：原地矢状面肩关节屈曲、伸展

将翅膀的安装方向旋转90°，即可将阻力调整至矢状面。幼儿双臂前平举，以此为练习的动作起点，在矢状面做肩关节的伸展运动和屈曲运动（如图3-21所示）。该练习能够发展跑步摆臂需要的力

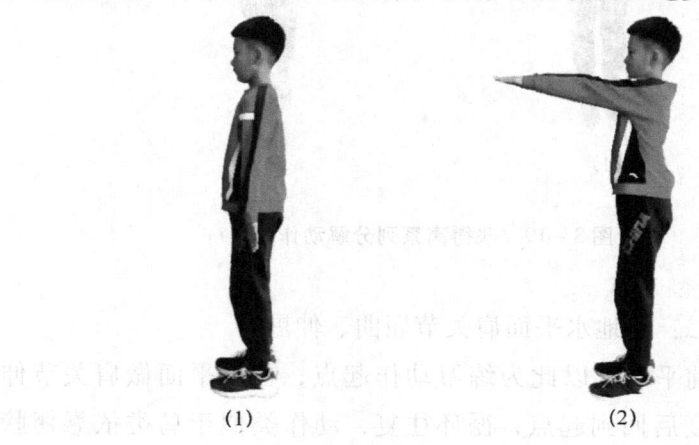

(1)   (2)

图 3-21　原地矢状面肩关节屈曲、伸展系列分解动作

量能力，同时可以提升肩关节在矢状面的活动度。

练习案例四：原地双臂侧平举肩绕环

此练习能够很好地预防幼儿圆肩、驼背。幼儿两臂侧平举，在这个静态姿势中，以中指指尖处为圆心画圆，直径约为10厘米（如图3-22所示）。该练习具有拉伸胸部肌肉和更为显著的肩背部肌肉力量强化功能。

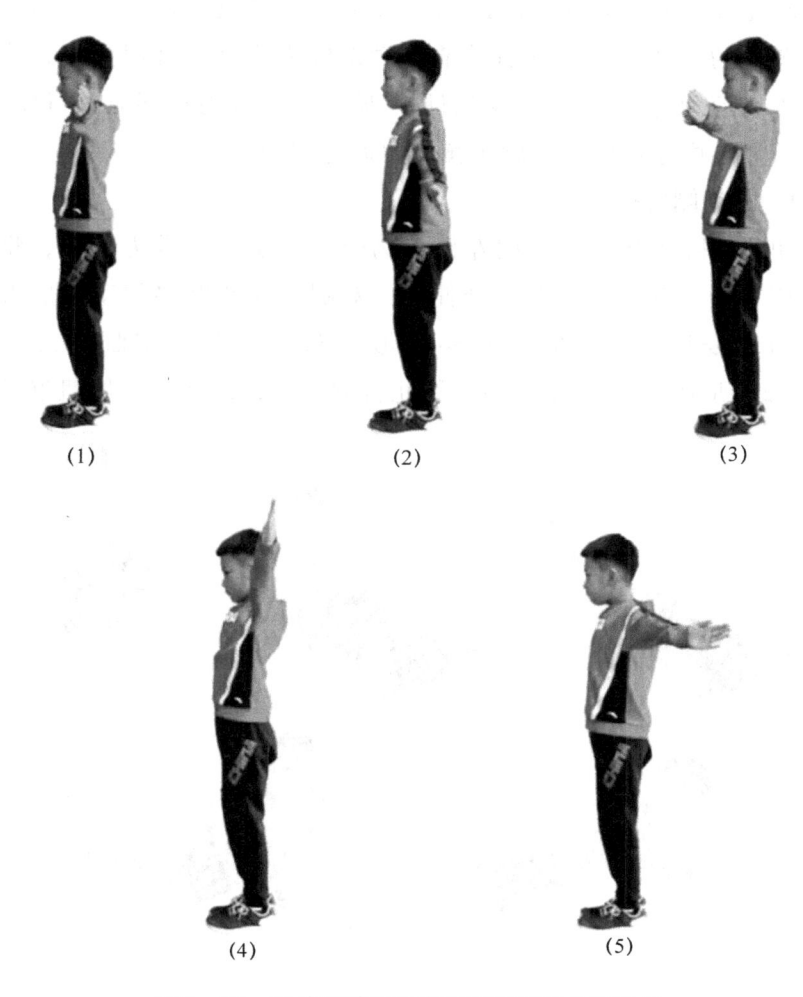

图3-22 原地双臂侧平举肩绕环系列分解动作

（二）幼儿肘关节力量发展

肘关节是铰链关节，具有屈曲和伸展功能。幼儿基本动作模式中的推和拉主要依靠肩关节与肘关节的联合运动完成。力量对于运动中肘关节的稳定性起重要支撑作用，在挥拍类运动，以及有上肢徒手击打动作的相关运动中，肘关节力量薄弱是导致进行以上运动时出现肘关节疼痛的重要原因。

幼儿握持能力有限，因此在练习中尽量避免握持重物。借助全身多关节的综合运动发展肘关节力量是较为适宜的练习策略，这与多因素练习理念不谋而合。将肩肘、躯干、下肢力量同时进行发展，在力量发展中还可同时兼顾平衡、协调等能力因素。

1. 屈膝侧卧推坐

幼儿侧卧于垫上，以向左侧卧为例，左手主导发力推垫，将躯干推离垫子至双臂肘关节完全伸展，双腿向左侧贴垫移动形成五点支撑的坐姿后，双腿向左侧移动形成双手支撑右侧卧状态（如图3-23所示）。在该练习中，幼儿腹侧肌群，以及肩、肘肌群都会

图3-23 屈膝侧卧推坐系列分解动作

有效参与并得到锻炼。锻炼目标肌群以肘关节伸展肌群为主。在转向另一边进行侧卧时，肘关节角度从大至小，完成了有一定强度的离心收缩。在实践操作中，即便3岁幼儿也能较顺利地完成，练习具备较高的安全性和有效性。

2. 俯卧推坐接仰卧推坐

幼儿成俯卧位，推地坐起后，缓慢后仰成仰卧位，再次推起成俯卧位（如图3-24所示）。从幼儿完成推地动作至形成坐姿，其间的动作不做具体要求。在该练习中，除发展幼儿的肩、肘关节力量外，还强化了幼儿推的基本动作模式。这个练习对幼儿未来发展跑的能力具有基础性支撑作用。在俯卧和仰卧推练习中，除了发展肘关节力量外，还兼顾发展了跑步中摆臂需要的肩关节力量。练习过程不对幼儿的撑起姿势做过多要求，只要求在起身过程中肘关节充

图3-24 俯卧推坐接仰卧推坐系列分解动作

分伸展。因幼儿肘关节力量不足，撑起过程必然伴随躯干和下肢的辅助。这与幼儿向前或向后跌倒后的爬起动作类似。

3. 轮胎"拉锯战"

两个推坐练习重点强化了幼儿肘关节伸展的力量，在此基础上兼顾了肩关节的力量。在幼儿肘关节力量发展中，可以使用小轮胎来强化幼儿肘关节伸展的力量。幼儿面对面坐下，轮胎放置于两人之间，轮胎两端分别系绳，幼儿采用坐姿或半蹲姿态且距离轮胎适宜距离，双手握绳，依次将轮胎拉向自身方向。练习过程中要求幼儿肩关节尽可能稳定，依靠反复的肘关节屈曲和伸展形成轮胎的"拉锯"效应。

4. 平衡垫爬行

摆放两列平衡垫，列宽约等于幼儿肩宽，列长总距离6—10米。幼儿依次爬行至终点。在爬行中，幼儿会表现出肘关节的微屈，肘关节支撑部分体重，起到发展肘关节伸展力量的作用，同时兼顾了腕关节的力量与肩关节的稳定性。如果在练习中要求幼儿膝关节不接触平衡垫，则显著增加了核心稳定的难度（如图3-25所示）。适合有一定练习基础和力量能力的大班幼儿练习。

图3-25 平衡垫爬行系列分解动作

5. 抛接小垒球

垒球抛接练习为自抛自接,不论抛球过程肘关节角度是否发生变化,都可以强化其力量,当抛球肘关节角度发生变化时,完成了向心收缩。未发生变化时,则主要依靠肩关节力量,肘关节完成等长收缩。该练习兼顾了幼儿视觉追踪移动物体,以及眼手配合的能力。要注意非惯用手一侧相关能力的发展,两侧上肢的练习量应均衡。教师需要注意的另一个问题是,强调抛球的高度与队列队形间距,这是需要重点考量的安全因素。对墙抛球可以有效排除以上安全隐患。

(三) 幼儿核心力量发展

1. 核心力量概述

王卫星等研究认为,核心力量训练首先被运用到康复领域,因其在康复领域的显著效果而被竞技体育所借鉴[①]。核心肌群主要包括躯干、骨盆附着的肌肉群,因很多下肢肌群均附着于骨盆,目前腘绳肌等肌群也被视为核心肌群。在本课程体系的构建中,为了更直观地区分幼儿力量练习结构,故将股四头肌、腘绳肌归类为下肢力量(这些肌群与骨盆都有密切关系),将肩关节力量归类为上肢力量(这些肌群与躯干有密切关系),这样划分的目的是便于幼儿教师能够高效理解和应用,虽然学界对核心区概念的解释并非如此。在体系构建的幼儿力量能力发展中,将核心力量分为稳定条件下发展的核心区肌群力量和非稳定条件下核心区肌肉动态控制中发展的力量和神经—肌肉协调性两种形式。

2. 幼儿强化核心力量的价值

(1) 核心力量为义务教育阶段的运动技术学习奠定了重要基础

竞技体育和康复领域在核心力量研究方面成果较多,而幼儿核心力量的研究匮乏。但这并不等于幼儿进行核心力量强化没有价值。

---

① 王卫星、李海肖:《竞技运动员的核心力量训练研究》,《北京体育大学学报》2007年第8期。

研究显示，脊柱区核心肌群稳定训练可有效促进运动中躯干、骨盆等部位的稳定性，并在此基础上促进力量的产生和传递①。这意味着核心力量与平衡能力存在密切关系，核心力量能够促进平衡能力的提高②，帮助功能运动模式更好地建立③。身体在平衡校正过程中大量地应用到核心肌群，并高度依赖核心肌群的神经—肌肉协调性。因此，核心力量水平的提升有助于幼儿平衡能力的提高。在平衡能力练习中，因大量核心肌群的参与，可以通过神经—肌肉控制能力的提升促进核心力量的发展。

核心力量能力的强化可有效提升幼儿基本动作模式和基本动作技能的学习效率。例如，幼儿掌握正确的弓步姿态需要依赖核心力量，因为稳定的弓步需要骨盆的控制和躯干的控制。对于成年人而言，在弓步姿势中维持躯干和骨盆的中立位相对容易，但幼儿则需要强大的核心控制。在教学实践中发现，弓步这一基本动作模式的正确性必须依靠幼儿的刻意努力。支撑条件下完成的推（俯卧撑姿势）、移动条件下完成的不同方向制动等，都高度依赖核心力量。由此可见，幼儿核心力量发展的价值是多维的，是义务教育阶段运动技术学习的重要基础条件之一。

图3-26表现了核心力量对运动技能、身体素质影响的逻辑链。核心力量能力的构建有助于幼儿发展基本动作模式，尤其在动作掌握效率和动作标准化层面，而基本动作模式是走、跑、跳、投掷等基本运动技能的基础，基本运动技能决定了发展专项运动技能的效

---

① 周子朋：《运动体能训练联合常规康复干预对青年轻度脊柱侧弯伴腰背痛患者脊柱功能、临床症状及生活质量的影响》，《颈腰痛杂志》2018年第3期。

② Sandrey M. A., Mitzel J. G., "Improvement in Dynamic Balance and Core Endurance after a 6-Week Core-Stability-Training Program in High School Track and Field Athletes", *Journal of Sport Rehabilitation*, Vol. 22, No. 4, November 2013.

③ Bagherian, Ghasempoor et al., "The Effect of Core Stability Training on Functional Movement Patterns in Collegiate Athletes", *Journal of Sport Rehabilitation*, Vol. 2, No. 1-22, January 2018.

果。第二条逻辑链阐述了核心力量与速度能力的关系，平衡能力影响爆发力输出，爆发力输出的效果影响身体位移的速度。除此之外，已有大量研究论证了核心力量发展在运动控制、运动损伤预防和呼吸方面的重要作用。

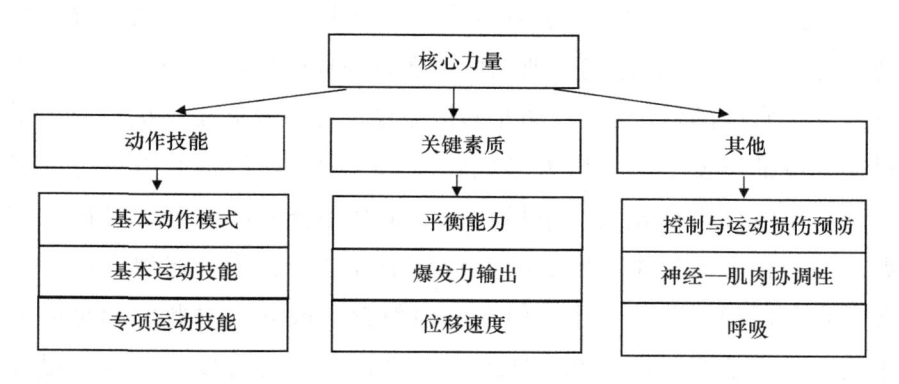

```
                    核心力量
         ┌─────────────┼─────────────┐
      动作技能        关键素质         其他
      ────────       ────────       ────────
      基本动作模式    平衡能力       控制与运动损伤预防
      基本运动技能    爆发力输出     神经—肌肉协调性
      专项运动技能    位移速度       呼吸
```

图 3-26　幼儿核心力量发展价值的内在逻辑

（2）核心稳定力量发展对呼吸功能的积极影响

中国义务教育阶段学生基本可以判断为久坐群体。学者汪君民等对 1075 名小学生的调查研究表明，平均每天坐姿时间为 8.5 小时[1]。在无法得到肌肉有效支撑时，脊柱处于屈曲状态、肩部处于圆肩状态，该姿态影响吸气时两肋向外向上的运动，呼吸肌收缩的行程被限制，长期积累会影响呼吸肌的功能。在该情况下，有必要对在呼吸过程中起重要作用的肌肉进行适当训练，运动能力会因此得到明显的改善。

核心稳定力量训练能使辅助呼吸的肌肉得到有效激活和强化。很多对呼吸起直接或间接作用的肌肉，对躯干稳定也同样起着关键作用，当躯干稳定性不足时，其更多目标为稳定关节，呼吸功能随

---

[1]　汪君民、龚腾云：《小学生体力活动久坐行为与超重肥胖风险关系》，《中国学校卫生》2021 年第 11 期。

之减弱。这意味着幼儿躯干稳定性的提高可有效促进呼吸功能的改善,同时对运动表现提升具有重要价值,是幼儿教师体育教学目标与内容设计不可忽略的重要因素。

3. 核心稳定力量发展对幼少儿矫正、保持体态的价值

中国80%的青少年存在身体姿态不良问题,主要表现为脊柱侧弯、驼背等[1]。核心稳定性训练可增强脊柱周围肌群的力量,进而更好地保持脊柱的稳定性[2],幼儿的核心稳定能力发展是解决当前体质健康问题的重要手段。后天形成的体态问题,多与核心力量薄弱或双侧力量发展失衡相关,包括圆肩、驼背和脊柱侧弯等常见体态问题。核心稳定力量能力发展的方法与手段已经较为普遍地应用于义务教育阶段的体育教学中,但在学前教育阶段并未对此引起足够的重视。基于幼儿阶段体态问题的普遍性,有必要将核心稳定力量发展纳入体育教学的设计范畴。

五 幼儿核心力量练习的进阶逻辑

(一)从平衡练习中构建核心力量能力与核心控制基础

平衡练习能够有效刺激核心区神经—肌肉控制能力的发展。由于核心区在平衡练习中主要起调节作用,因此,依托平衡能力练习提高躯干周围肌群力量能力的效果将会受到一定的限制,但可以帮助幼儿构建核心区力量专门强化的基础。

对平衡与核心力量关系的阐述,进一步说明了两者发展的先后顺序。在平衡练习中,接近水平位的练习可以利用引力提高核心区肌群的工作强度,以上思路为幼儿教师提供了更多的核心区肌群力

---

[1] 刘岩:《小学生脊柱形态异常矫正运动处方的研制与效果评价》,硕士学位论文,北京体育大学,2018年。

[2] 张卉:《核心肌群稳定训练联合脊柱牵伸手法床治疗脊柱源性慢性腰腿痛》,《颈腰痛杂志》2019年第1期。

量练习强度调控的变量。

相比静态稳定性，核心区动态稳定性对神经—肌肉协调性的要求更高。幼儿在运动中，其表现更多依赖核心区的动态稳定性。因此，平衡能力的发展是后续核心稳定性构建的重要基础，以上规律为幼儿教师的体育教学设计提供了依据。

（二）稳定条件下的静态低强度核心力量练习

稳定条件下的静态练习难度相对较低。幼儿应从稳定的静态练习开始逐步进阶，在进入核心力量练习阶段后，幼儿可同步进行平衡练习，并进一步提高平衡练习的难度。静态练习看似与幼儿好动的特征形成了矛盾，但事实并非如此，虽然静态练习在幼儿体育教学体系内的占比较小，但其在进阶过程中扮演着重要的角色。静态练习中构建的力量能力是动态核心练习的基础。在评估一个练习的实践应用价值时，优势与劣势比是一个极为重要的参考依据，静态练习之所以有必要出现在幼儿体育教学中，是因为其功能优势明显大于趣味劣势，且教师可以通过练习形式的变化进行引趣，弥补其不足。认为幼儿的体育活动只能是动态的、欢愉的教学思维过于绝对，静态练习是动态练习的重要补充和调节手段。

1. 俯卧直臂支撑

该练习采用的是俯卧撑起始姿势的静态维持，发展了脊柱抗伸展的能力，练习中需要克服腹直肌被拉长和脊柱伸展的趋势，幼儿需要维持腹直肌的长度，以控制脊柱的稳定，在维持俯卧撑起始姿势过程中，核心区的屈髋肌群也得到了一定程度的强化（如图3-27所示）。如果幼儿无法保持该姿势，可以由双脚脚尖支撑退阶至双膝支撑，前后支撑点距离的缩短，降低了核心控制的难度，待幼儿脊柱抗伸展能力提升后，再进阶至直膝的俯卧撑起始姿势静态控制。

图3-27 俯卧直臂支撑动作结构

2. 仰卧伸髋支撑

幼儿取仰卧位，腿、臀和下背部悬空，不强调髋关节的高度（如图3-28所示）。该练习可强化幼儿的脊柱抗屈曲功能，同时也发展了腘绳肌和臀肌力量。维持正确坐姿需要的肌群在俯卧和仰卧的支撑类练习中得到强化后，能够提高幼儿正确坐姿的时间。从这个功能视角看，以上两个练习可以预防幼儿的部分体态问题，而体态与幼儿视力存在密切关系。侯筱等学者研究认为，久坐是中国青少年近视率增加的最主要原因之一[1]，维持幼儿正确坐姿需要躯干长时间的静力性支撑能力，而目前小学生久坐时间的延长对这种能力提出了更高的要求。幼儿体育教学中有必要根据教学对象的健康情况进行针对性的练习设计与强化。

图3-28 仰卧伸髋支撑动作结构

---

[1] 侯筱、刘静民：《学校层面干预策略对青少年身体活动水平的影响》，《中国学校卫生》2019年第7期。

3. 侧支撑

侧卧支撑难度高于俯卧与仰卧支撑。仰卧与俯卧支撑为四点支撑——双足和双手。侧卧支撑为两点支撑,提高了控制难度。因此,侧卧支撑有必要进行一定的进阶设计。

(1) 折线四点支撑

采用膝关节与髋关节屈曲的方式缩短两端支点的距离,可以降低主动肌维持脊柱稳定的难度(如图3-29所示)。该练习形式可以作为侧支撑能力发展的起点。

图3-29 折线四点支撑动作结构

(2) 直线四点支撑

上肢为一侧小臂与另一侧手掌共同支撑,下肢采用分腿支撑,即一脚内侧、一脚外侧共同支撑(如图3-30所示)。因前后支撑位置的距离明

图3-30 直线四点支撑动作结构

显延长，其难度高于折线四点支撑。与两点、三点侧支撑相比，支撑点的增加降低了控制难度，为主动肌的收缩创造了更为稳定的条件。

（3）直线三点支撑

采用单臂与双脚支撑的方式进行练习，与直线四点支撑相比减少了一个支撑点，故提高了支撑难度（如图3-31所示）。如果幼儿在该练习中普遍出现了髋关节屈曲或躯干不稳定的情况，应退阶至直线四点支撑。

图3-31 直线三点支撑动作结构

（4）直线两点支撑

通过以上难度递增的进阶过程后，可采用标准的侧支撑方式进行练习（如图3-32所示）。

图3-32 直线两点支撑动作结构

4. 稳定条件下的动态低强度核心力量练习

稳定条件下的动态低强度核心力量练习动作结构相对单一，在教学设计时难以融入挑战、竞技和游戏因素，但是可以通过系统编排，以音乐体操的形式对以上练习动作进行整合，并将这些有一定强度的操类练习融入平时的常规体育教学中。

（1）坐姿臀、手支撑直膝屈髋

幼儿采坐姿，后仰至双手支撑垫上，双手、髋三点连线为等腰三角形。在此基础上，连续进行以髋为轴的小幅度矢状面直膝摆动（如图3-33所示）。小班幼儿可以采用屈膝摆动的方式降低屈髋肌群的压力。该练习可以高效发展幼儿屈髋肌群的力量。在练习中腹直肌也为稳定躯干和骨盆提供了一定的支撑，其力量也能得到一定程度的发展。大班幼儿可要求足部不接触地面，以提高髋屈肌离心收缩的难度。

图3-33 坐姿臀、手支撑直膝屈髋系列分解动作

（2）侧卧髋外展

幼儿采侧卧位，在此基础上髋关节外展，可以发展幼儿臀肌力量（如图3-34所示）。臀肌力量的发展有助于幼儿建立跳跃、下蹲动作中的合理下肢力线。幼儿久坐导致臀肌力量薄弱，髋外展动作在幼儿生活和低强度运动中鲜有触及，专门进行强化训练是有必要的。

（1） （2）

图 3-34 侧卧髋外展系列分解动作

第四章 幼儿体质健康测试项目解析与教学实操

第一节 投掷网球（网球掷远）

一 投掷网球测试解读

（一）测试目标与存在的问题

在幼儿体质健康测试中，投掷网球被视为上肢力量测试。早期的美国青少年体质健康测试中也存在类似手段——垒球掷远，但在1976年取消了该测试项目，原因是认为该测试为一项技能类测试，而非体能类（身体素质）测试。事实上，网球投掷的远度由全身多关节力量和投掷生物力学决定，投掷网球对上肢力量测试的效果受到多种因素的干扰，包括下肢力量、髋关节力量、躯干力量和投掷生物力学等。这意味着上肢力量较好者可能因为投掷技术较差而成绩低于上肢力量较弱者。

在投掷网球测试中，测试者能够看出幼儿在网球投掷时明显的力量与成绩不符，主要表现为投掷出手时机把握不佳，导致网球直接击地。应让幼儿进行重测，否则数据信度将受到严重影响，不具备测试意义，如果比例较高则会对整体数据的客观性造成影响。在实际操作中，测试者工作繁重，专业能力参差不齐，难以保证测试的有效性，是目前用网球掷远方式进行上肢力量测试的主要问题。

以上信息提示幼儿教师和家长，不能单纯依靠投掷网球的远度来判定幼儿的上肢力量水平。

（二）测试对幼儿提出的相关能力要求

了解测试背后的内涵，清晰认识不同因素对测试成绩所产生的不同影响，是根据幼儿身心特征合理设计教学手段和控制教学手段的关键。

1. 投掷生物力学

幼儿的肌肉力量必须通过运动生物力学作用于网球。换言之，运动生物力学决定了幼儿肌肉力量的发挥效能。在测试中，幼儿出手时机把握不好，直接将球击打至地面，投掷全过程幼儿头颈正对投掷方向或两脚脚尖正对投掷方向，都属于未能依据基本生物力学原理进行投掷的表现。在投掷技术存在严重缺陷的情况下，投掷距离不能客观反映幼儿的上肢力量水平。幼儿是否掌握了投掷技术，核心标准是合理的生物力学表达，而不是上肢力量。

教师需要了解，投掷是基本技能，是幼儿阶段需要学习和掌握的核心技能。学习投掷技术，并不是所谓的"考什么，练什么"，不存在体育教育应试化的问题。除了投掷网球技术，幼儿应该全方位地发展在各种姿态下（弓步、半蹲、坐姿等）的抛掷、投掷技术。

2. 肩关节力量

投掷是典型的爆发力运动，在合理、稳定的投掷生物力学基础上，肩关节的力量发展能促进投掷远度的增长。肩关节力量发展本就是幼儿力量发展的重要环节，在幼儿肩关节力量发展中，视角不能仅仅局限于投掷需要，应依据肩关节功能进行全面发展。在力量发展中尤其需要注意不能单一发展幼儿惯用臂（投掷臂）力量，建议在体育教学中平均分配左右臂的练习负荷，避免因练习导致的力量失衡。

3. 肩关节活动度

肩关节屈曲和外展的关节活动度对投掷有较大的影响。是否能超越器械，是否有足够的加速用力距离，肩关节活动度起决定性作用。在幼儿关节活动度发展中，普遍重视坐位体前屈，忽视了肩关节、踝关节的活动度发展。在游戏、操类和专门设计的练习中，融入肩关节活动度是非常有必要的。关节活动度适度、均衡、全面地发展对幼儿体质健康多种测试项目都具有重要价值。

4. 髋关节与躯干力量

在投掷网球测试中发现，不会使用髋关节和躯干力量，单纯依靠肩关节力量进行投掷的幼儿比例很高，这部分幼儿在投掷时更容易出现球出手后直击地面的情形，这也从侧面反映出幼儿体育教育体系中核心力量与基本技能的缺失。幼儿在投掷过程中难以表现出良好的动力链传递过程，但最后用力前的基本姿势，幼儿完全可以通过学习进行掌握。基本姿势为投掷过程中髋及躯干的发力创造了条件。幼儿身体能力构建中已经包含髋关节与躯干力量，这些一般性的、全面的力量能力发展可以支撑幼儿的投掷技术需要，幼儿不需要进行专门的投掷力量练习。教师需要做的是，通过合理的技术发挥幼儿已经具备的髋关节与躯干力量。

二 投掷网球能力强化训练思维

（一）解决基本的运动生物力学问题

在基本技术教学中，实现幼儿更优的运动生物力学表现是教学的基本目标，是义务教育阶段掌握更为复杂专项运动技术的基础，其中包括多个项目的发球技术，这些技术在动力链和动作结构上与投掷技术高度相似，都由下肢蹬伸—髋关节旋转—胸椎旋转—肩关节运动—末端关节运动组成。在以往的幼儿体育教学理论研究中，认为幼儿由于年龄、身体、心理方面的原因，不能支撑复杂的技术学习，无法实现技能掌握，故在游戏中发展体质健康，甚至在玩中练成为主流观点。虽然影响幼儿体质健康的因素众多，但多年的测试评估结果已经显示，目前幼儿体育教育的主流观点，并没有很好地起到扭转幼儿体质健康下降趋势的作用，值得警醒和反思。

事实上，幼儿不具备复杂的专项运动技术学习条件，但是目前幼儿足球、幼儿篮球等项目在幼儿园开展得如火如荼，在幼儿阶段进行任何专项运动技术的学习都违背了运动能力发展的基本规律。幼儿具备了发展基本动作模式和基本运动技能的条件，遗憾的是，鲜有幼儿园进行相关教学。究其原因，主要是在运动技术习得认知层面出现了问题。提到基本技术的生物力学，第一印象往往是幼儿无法理解运动生物力学更无法改变其运动生物力学。在此需要说明的是，运动生物力学是教师必须掌握的基本知识，其为指导一切体育活动的基本科学性提供保障。教师通过不同基本技术的生物力学原理，结合幼儿的客观实际，进行可控环节的干预，即可实现较高的干预有效率。而局部关键技术的有效干预能够帮助幼儿自然地掌握其他环节技术。例如，在投掷网球的技术中要求幼儿用侧对投掷方向的准备姿势（幼儿的身体条件完全可以实现），幼儿在投掷过程中会自然做出髋关节旋转的动作，并非刻意地实现了生物力学效应。这个动作模式的建立，为幼儿未来学习网球发球、羽毛球高远球、排球发球和扣球等多个专项的运动技术构建了良好的发力模式基础。上述学习过程充分体现了基本技能对后续义务教育阶段专项技能学习的基础性支撑作用。

（二）幼儿可控基本技术模式的建立

侧对投掷方向站立的主要目的是为后续的髋关节与胸椎转动创造条件，转动过程形成超越器械有利条件的同时，能够更好地利用髋关节与躯干肌肉、筋膜和肌腱的弹性。这个起始姿势是左右生物力学正确表达的基础。如果正对投掷方向，后续技术将出现重大错误。最后用力前的姿势是判断幼儿是否掌握投掷技术的关键指标。

1. 投掷臂肘关节充分伸展，实现网球（投掷物）与同侧肩关节的最远距离

肘关节技术是网球掷远的难点。一般情况下，幼儿的天然投掷技术偏向于最后用力前屈肘，但屈肘的准备姿势不具备鞭打条件。在用鞭子抽打地面时可以观察到，向上扬起鞭子到最高点时，鞭子的状态为"接近直"，改变运动方向时鞭子由"接近直"到最大弯曲，在向下的过程中再逐渐由曲到直，直至接触地面再次"接近直"，这个过程能够产生更快的鞭打速度。幼儿投掷网球的投掷臂与鞭子的工作原理非常相似。因此，"投"的基本技术是幼儿阶段需要建立的基本技术，而直臂的准备姿势是投掷技术的重点，也是难点。在投掷教学中，教师切记不能将复杂的技术过程进行讲解和示范，在原地投掷练习时只需要求幼儿使用侧对投掷方向且肘关节伸直的准备姿势即可，这个准备姿势已经为后续正确的生物力学表达创造了条件。

2. 非投掷臂自然上举，手腕高度不超过肩关节

在准备姿势中，非投掷臂动作往往容易被忽略。非投掷臂虽然不接触网球，但是可以对投掷臂产生一定的影响。一个基本标准的投掷技术必然包含了非投掷臂动作。非投掷臂自然上举的动作有利于与投掷臂形成协调用力的联动关系，为投掷臂更大的鞭打幅度和更快的鞭打速度创造了条件。

3. 头颈稳定、朝向投掷方向

头颈的稳定是肢体稳定的基础。在观察舞蹈演员单足支撑进行旋转时头部与肢体的动作可以看出，头颈并非随肢体同时转动，目的是通过更长时间地保留头部稳定姿势，使身体更少地偏离垂直轴。头颈从准备姿势至网球出手阶段，应始终稳定地朝向投掷方向。

4. 转髋、转肩同时肘关节由直变屈，面对投掷方向将球投出

能够利用下肢、髋关节与躯干力量进行投掷是掌握投掷技术的

另一个重要标准。侧对投掷方向的准备姿势为动力链的传递创造了条件。这是一个较为复杂的技术，幼儿在投掷技术教学中，只要进行了转动即可，侧对投掷方向的要求使后续的转动变为一个非刻意习得的自然技术，即幼儿可控的技术要求，有助于实现一系列更优的运动生物力学表达。

5. 网球出手后投掷臂同侧腿向前迈出一步，进行缓冲

如果幼儿在网球出手后，能够继续维持重心，投掷臂同侧脚始终在投掷臂异侧脚的后方，说明投掷重心错误，没有发挥出应有的投掷远度水平。在合理的运动生物力学条件下，随着转动和肩关节的发力，人体质心会出现向侧前方转动的情形，这时投掷臂同侧脚自然会向前迈出一步以进行制动和缓冲，帮助身体维持平衡。在幼儿投掷网球过程中，可以用该环节判断幼儿最后用力阶段的技术问题。

三 投掷网球的训练方法

在幼儿技术学习中必须提及一个显著的矛盾。基本动作和基本技术的掌握对于幼儿极为重要，因为既涉及生活，也涉及未来的专项运动技术学习。基本动作和技术的学习相对枯燥，游戏性质的体育活动容易激发幼儿的参与兴趣，但难以实现动作和技术习得的重要功能。如何抉择，如何化解矛盾，是未来需要长期攻关的课题。目前，通过一定情境的导入和竞技因素的导入，可以有效激发幼儿的挑战欲和学习兴趣。

（一）情境导入类投掷练习设计——打狼救兔

1. 器材准备

画有大灰狼的圆形或方形布，网球及收纳桶。

2. 教师情境导入语

小朋友们，今天大家有一个非常重要的任务。小白兔被大灰狼

抓走了，大家想不想去救小白兔啊？但是大灰狼很凶猛，我们不能靠近它，我们在营救别人的时候需要对存在的危险进行判断，在安全的情况下才能进行营救，对不对？所以，我们需要在比较远的地方攻击大灰狼，在老师画的白线外就是安全区域了。4个小朋友一排，我们用小网球进行攻击。注意，前面的小朋友投出网球后，在老师的指令下，后面的小朋友才能进入投掷区域进行投掷。最后一排的小朋友将球捡回，放到收纳筐里面。

3. 教师控制因素

（1）画布的距离和高度

将画布放置在墙面时，需要注意网球击打后是否存在反弹击中幼儿的可能，可以使用垒球进行练习，以排除以上安全隐患。幼儿在投掷过程中，上肢力量无法转化为投掷距离的重要原因是出手过晚，导致网球直击地面。因此，适宜的距离和高度是帮助幼儿校正出手时机，建立有利于投掷远度抛物线的关键。

（2）引导幼儿体会不同投掷方式的区别

教师可以引导幼儿用正对投掷方向和侧对投掷方向两种不同方式依次进行练习。在练习中，提示幼儿观察和体会两者在投掷远度和命中率两个层面的区别。在练习中不使用"我们要怎样做"的类似指导表达，应使用"我们尝试一种新的投掷方法，掌握了这样的方法，我们能够有更高的命中率，这样我们就能更快地救出小兔子了"类似的指导表达。这时开始进行一个技术环节的学习，通过学习获得成功的成就感是幼儿"爱上学习"的关键因素。在双臂依次进行的投掷练习中，教师应注意观察幼儿两肩关节力量和关节活动度是否存在显著差异。

（二）投掷竞技类游戏设计——团队坐投竞赛

1. 准备器材

网球、粉笔、小凳子。

2. 竞技方式

根据教学班级人数将幼儿分为3—4组，每组一列纵队，用粉笔画出投掷线，在投掷线前放置小凳子，在投掷线远端三米位置画第一条得分线，后每隔一米画一条得分线，并标记分数。根据幼儿投掷的远度进行计分，三米线内得1分，三米线外、4米线内得3分，4米线外距离每远1米得分增加1分，最终将团队得分相加的总分进行对比。应在幼儿基本掌握合理的投掷技术后再安排竞技形式的相关练习。

3. 教师控制因素

坐投设计的主要目的是通过封锁下肢与髋关节力量，激发幼儿在投掷中充分利用躯干力量，并结合上肢力量实现更好的投掷生物力学。在练习实践中发现，有部分幼儿在坐投时，为了投掷更远的距离，自然地进行了脊柱的旋转。通过幼儿能够控制的生物力学因素影响幼儿难以控制的生物力学因素，实现了非刻意的基本运动技能高效掌握，体现了教师运动生物力学学习、应用的重要价值。

对于小班3—4岁的幼儿，教师可以稍加引导，在引导后教师必须对结果进行即刻反馈，例如"你看，这样投是不是真的远了好多"等语言，强化幼儿对基本动作技能的记忆。教师在竞技类游戏或练习中，需要通过观察随时进行参赛队人员的"强弱调整"，或增加强队获胜难度等竞赛组织控制，使更多的幼儿有获胜体验，强化其学习动机。

幼儿体育教育以快乐为主线的思维反对幼儿技能学习，尤其是"复杂"的技能学习，认为幼儿不具备技能学习的主观条件，甚至认为技能学习会扼杀幼儿天性。这是对技能学习内涵、功能的严重误读，是基于不当方法无效施教后得出的错误结论。单纯的快乐体育、游戏体育倡导者可能会对幼儿利用胸椎旋转技术进行投掷进行质疑，认为其不切实际，远超幼儿肌肉控制的能力范畴。但事实上，只需改变投掷方式，幼儿便会高效、自然、非刻意地习得所谓的难度技术，不需要教师进行讲解示范，但这需要对技术、对结构、对生物力学知识有深入、全面的了解。我们必须不断地反思和提升认知水平，进一步地加深对幼儿身体的认识，才有可能科学地执行幼儿体育教育，而很多新的认知都是突破传统的，甚至是颠覆性的。

(三) 少儿趣味田径——软式标枪

1. 准备器材

国际田联官方认证的少儿趣味田径器材——软式标枪或自制类似器材。

2. 练习方式

基本技术与网球掷远相同，增加了侧对投掷方向的交叉步或并步助跑。以游戏性质的体验为主。教师可在练习中进行指导，但不宜提出超出幼儿可控范围的具体要求。

3. 教师控制因素

在幼儿的体质健康测试中，网球掷远要求采用原地投掷。但是，在幼儿体育教学中投掷技能不应仅有原地投掷，还应包括助跑与投掷的组合练习。位移中进行的投掷练习，能更好地促进幼儿上下肢体配合能力的发展，促进多关节、多肌群的协调能力。教师在组织练习时，要充分利用幼儿先前的学习经验，可告知幼儿标枪投掷动作和网球投掷动作是一样的。在助跑时可以采用侧对投掷方向的并步助跑或交叉步助跑（交叉步助跑难度较大，协调性不足的幼儿有一定的跌倒风险）。

田径项目之所以被称为运动之母，是因为走、跑、跳、投既是人类生存的必备技能，也是多数主流运动项目需要的基本能力。利用软式标枪能够发展幼儿在位移中进行投掷能力的同时，体验田径的竞技性，实现身体功能性发展，以及投掷技术的习得。教师需要进行示范，但在重点体验的练习中除安全要求外，应尽可能少地提出其他技术要求。

第二节 立定跳远

一 立定跳远测试解读

(一) 测试目标与存在的问题

立定跳远一直以来被定义为下肢爆发力测试。在立定跳远测试中，屈髋能力对伸膝、伸髋过程的影响极大，如果屈髋肌群能力不足，伸膝、伸髋肌群力量能力在测试中将无法有效发挥。这是"后"技术环节对"前"技术环节产生影响的典型案例。在垂直跳测试中，并不存在此干扰因素。因此，垂直跳测试下肢爆发力的结果更具客观性和准确性。在测试的经济与便捷程度上，立定跳远则具有明显优势，仍然是全民体质健康测试的首选测试手段。如果未来垂直跳测试仪器能够普及，下肢爆发力测试应更换为测试效度更高的垂直跳。

(二) 测试对幼儿提出的相关能力要求

1. 屈髋能力

在运动技术结构间相互影响的普遍认知中，"前"技术环节对"后"技术环节产生影响的概念更容易被理解和接受。但在实际运动中，"后"技术环节对"前"技术环节同样会造成影响，即便立定跳远的动作结构相对简单，也存在上述规律。表现为屈髋肌群能力不足导致下肢无法完成充分的蹬伸，以及无法表现出合理的蹬伸角度。因为蹬伸及腾空过程中充分地伸展需要将屈髋肌群拉长，拉长得越充分，对屈髋肌群快速收缩的能力要求越高。在立定跳远练习或测试中，经常出现几乎在身体垂直状态下完成落地或无法控制重心导致的身体"前扑"的情形，以上两个问题的根本原因都是屈髋肌群能力薄弱。

屈髋过程，无法直接决定抛物线，从这个层面上看，屈髋能力不能增加原有抛物线基础上的远度，但可以在既定抛物线基础上减少距离和损失。这属于屈髋能力对立定跳远技术环节的直接影响。而屈髋能力对立定跳远技术环节的影响远不止这些。一般情况下，能够看到某一局部肌肉能力对其作为主动肌时的技术环节或后技术环节产生的影响。然而，从技术因素链的视角观察，这些因局部技术或力量能力导致的问题，也会对之前的技术环节造成影响。就立定跳远而言，屈髋能力会对蹬伸过程产生影响。快速且向前性好的蹬伸过程需要与大幅度和短时间的屈髋过程相匹配。如果幼儿蹬伸能力与屈髋能力不匹配，蹬伸能力远强于屈髋能力，幼儿就必须采用三种方式来保证落地的正常重心。其一为降低蹬伸速度；其二为改变蹬伸角度，获取更长的腾空时间以满足较慢的屈髋过程；其三为减少起跳时伸髋的幅度，以缩减屈髋幅度和屈髋时间。这三个过程并非幼儿有意识完成，而是客观存在。这个技术因素链的原理与跳远竞技中起跳技术和能力对助跑速度的影响如出一辙。在立定跳远练习中，只针对伸膝和伸髋肌群进行强化，这两者的力量能力可能会低效率地表现在测试中。

如果将立定跳远视为一个专项运动，屈髋能力必然是其核心竞技能力之一。在立定跳远的能力练习中，需要融入核心力量，这个论点与前述的核心力量训练意义一致，以上信息再次提示幼儿教师，幼儿在基本动作、基本技能和身体素质的全面发展下，必然能够提升各种体质健康测试中的运动表现。如果单一对测试项目进行训练，不仅有"应试"之嫌，违背了幼儿身心发展规律，也不利于幼儿进入义务教育阶段后的体育学习。

2. 上肢摆动能力——肩关节屈曲与伸展力量

从立定跳远完整技术的动作结构看，下肢蹬伸与上肢前摆具有高度一致性特征，该一致性既包括速度的一致性，也包括幅度的一致性，且上肢摆动基本在肘关节充分伸展状态下完成。这些技术特征给予幼儿教师的提示是，上肢摆动能力在立定跳远中对下肢蹬伸速度和幅度会产生间接影响，虽然上肢摆动并不像下肢一样是导致腾空位移的直接动力，却可以对直接动力产生影响。就像汽车发动机和涡轮增压器的关系，涡轮不能直接产生动力使汽车位移，但是可以影响发动机的动力输出。所以，在立定跳远练习中，教师应对上肢摆动力量和摆动速度给予高度重视。目前的立定跳远教学中，普遍忽略了上肢与下肢动作一致性的练习。一致性的练习应该从基础的预摆阶段开始，在动作模式合理的前提下，再进行相关能力的练习和强化。

二 立定跳远训练方法

首先需要明确的是，立定跳远作为练习手段，并不适合在幼儿阶段长期进行应用。对于没有掌握正确基本动作模式的幼儿，尤其是不能正确下蹲的幼儿而言，高密度的立定跳远练习会造成膝关节、踝关节的疼痛或长期的隐性伤害，即便在小学阶段也是如此。立定跳远落地形成的水平速度制动冲击，以及来自地面的反作用力在下肢力线不合理的情况下，会对幼儿造成伤害。如果幼儿体育教育课程体系中有专门基本动作模式构建的相关内容，在达到相应要求时，可以进行立定跳远练习，甚至是连续多级的跳跃练习。

分解立定跳远需要的相关能力，并在幼儿身体素质发展中对这些能力进行全面的强化，是提升爆发力和立定跳远成绩的更优策略。理论与实践功底扎实，有较高的体育教育认知水平的教师一般不会在教学中出现测什么练什么的情形。测什么练什么的体育教育思维有着严重的"应试化"特征，其最大弊端在于"应试化"训练过程使幼儿产生了对体育运动的厌恶感、恐惧感，与产生运动兴趣，形成终身体育的指导思想背道而驰。

（一）通过模仿与垂直跳跃掌握基本技术

1. 预摆

正确的预摆是高效产生力量的前提。这个环节应该作为基本技术进行教学。立定跳远测试在幼儿园、小学、中学直至大学全面覆盖，这个基本技术可让幼儿长期获益。原地跳跃，跑动中跳跃，均是幼儿阶段需要掌握的基本运动技能，与专项运动技能存在密切关系。

预摆指的是幼儿站在起跳线后，在起跳之前做出的以髋、膝、踝、肩关节为主的联动动作。屈膝、屈髋阶段肩关节向后伸展，伸膝、伸髋阶段肩关节向前屈曲，可伴有提踵动作。原地的模仿练习可以帮助幼儿快速掌握预摆的正确模式。在幼儿园、义务教育阶段，甚至大学，预摆出现错误的情形并不少见，最常见的错误即屈膝、屈髋同时手臂上摆，与正确预摆动作完全相反。错误预摆的主要问题在于屈膝、屈髋到适宜位置时不能即刻起跳，需要等待手臂回落至体后，而这个等待的阶段丧失了牵张反射的条件，类似于静态的蹲跳和反射性蹲跳的区别，实践证明静态蹲跳的成绩低于反射性蹲跳。错误的预摆等于限制了下肢牵张反射的产生，对爆发力的表现极为不利。

（1）练习方式

①教师做正确和错误的预摆动作，让幼儿观察两者的区别。

②教师提出正确的预摆动作特点，强调该动作掌握后可以进行很多的跳跃游戏和跳跃比赛，否则，在游戏和比赛中有可能出现损伤风险。

③教师引导幼儿进行原地的预摆模仿练习。

（2）教师控制因素

①利用语言引导幼儿进行观察。例如，"现在我是下蹲状态，我的手在哪里"；"现在我是身体直立状态，我的手在哪里"等，通过语言刺激幼儿的专注度和关注点。

②在练习中，有节奏地利用哨声或掌声提示动作的变化。

2. 垂直跳跃

垂直跳跃是预摆与跳跃的实战演练。与立定跳远的水平跳跃特征相比，垂直跳跃简化了落地屈髋的动作。因此，作为预摆技术掌握后，与跳跃的结合性练习较为适宜。虽然垂直跳跃没有水平跳跃中大幅度的屈髋和前伸小腿动作，但仍然需要屈膝、屈髋进行缓冲，可以借助该缓冲过程强化幼儿下肢合理力线的形成。下肢力线不仅涉及关节面受力的均匀性，也涉及力量传递的有效性。当下肢力线的排列紊乱时，力量无法直接通过股骨、胫骨传递至地面，这和幼儿未来的运动表现密切相关。

（1）练习方式

① 教师进行讲解和示范。

② 班级集体进行练习。

③ 变换练习模式并进行检查纠正。

（2）教师控制因素

① 教师提示预摆和垂直跳跃之间的关系。

② 教师进行垂直跳跃示范时需要将完整技术分解为四个部分，包括预摆、预摆结束后动作、起跳、落地缓冲后的停顿。

③ 教师提示幼儿观察各个阶段动作，引导幼儿进行模仿。

④ 教师重点检查幼儿预摆是否正确，腾空中膝关节是否充分地伸展，落地缓冲过程下肢力线是否合理。

（二）通过伸膝、伸髋力量与屈髋力量构建立定跳远需要的基本能力

髋、膝关节力量是幼儿力量体系构建中的重要组成部分，是多种形式运动的基本能力。幼儿教师应该将出发点置于幼儿体质健康与运动表现的全面发展，而非提高某项测试的成绩或分数，摆脱应试化教学思维的束缚。立定跳远是体质健康测试的手段，不是提升

幼儿体质健康水平的手段。

1. 弓步垂直跳

（1）动作解析

弓步垂直跳将跳跃的发力点从两腿平均迁移至一腿为主，增加了弓步时前侧腿的练习负荷，该练习有利于幼儿在跳跃过程中调动更多的运动单元参与，强调了幼儿神经系统对肌纤维的募集。在速度与力量两个因素中，侧重优化力量因素，是立定跳远伸膝、伸髋能力发展中简单、经济、有效的练习手段。该练习以幼儿掌握良好的弓步基本动作模式为基础。

（2）技术与手段控制

①正确的弓步姿态。两脚前后站立，前侧腿胫骨垂直地面，后侧腿股骨与躯干均垂直地面，从侧面观察，肩、髋，以及后侧腿膝关节为三点一线。

②肩关节充分伸展形成上肢后摆状态。

③前侧腿主导发力，伸膝、伸髋的同时，肩关节屈曲双臂向前上方摆动。

④腾空过程中双脚并拢落地缓冲。

⑤落地后交换腿再次形成弓步状态，循环进行以上步骤练习。

2. 弓步垂直跳的进阶方案一

（1）动作解析

有一定的练习基础或在相关能力得到提高后，可以将练习的模式进行一定的改变，以拓展练习的功能。前三个步骤与弓步垂直跳相同，通过落地方式的改变，既增加了支撑阶段的离心收缩强度，也能有效提升膝、踝关节的稳定性。

（2）技术与手段控制

①正确的弓步姿态。两脚前后站立，前侧腿胫骨垂直地面，后侧腿股骨与躯干均垂直地面，从侧面观察，肩、髋，以及后侧腿膝

关节为三点一线。

②肩关节充分伸展形成上肢后摆状态。

③前侧腿主导发力，伸膝、伸髋的同时，肩关节屈曲双臂向前上方摆动。

④前侧腿单足支撑，肩关节伸展上肢后摆。

⑤跳跃前的后侧腿前摆，变为下一次跳跃的前侧腿，并循环以上步骤练习。

3. 弓步垂直跳的进阶方案二

（1）动作解析

在进阶练习一的基础上，增加单足支撑后的二次跳跃，除平衡能力外，融入了增强式力量（超等长力量），前4个练习步骤同进阶练习一。

（2）技术与手段控制

①正确的弓步姿态。两脚前后站立，前侧腿胫骨垂直地面，后侧腿股骨与躯干均垂直地面，从侧面观察，肩、髋，以及后侧腿膝关节为三点一线。

②肩关节充分伸展形成上肢后摆状态。

③前侧腿主导发力，伸膝、伸髋的同时，肩关节屈曲双臂向前上方摆动。

④前侧腿单足支撑，肩关节伸展上肢后摆。

⑤单足支撑腿伸膝、伸髋完成再次跳跃，在支撑前有提前发力意识以缩短再跳跃腾空前的支撑时间。

⑥起跳腿单足支撑，跳跃前的后侧腿前摆，变为下一次跳跃的前侧腿，循环以上步骤练习。

4. 弓步前跳

（1）动作解析

在弓步垂直跳中，后侧腿伸膝力量可辅助前侧腿进行跳跃。与弓步垂直跳不同，弓步前跳更多依赖单腿力量能力，压力更多地迁移至前侧腿，对前侧腿单腿力量提出更高的要求，同时有着更大的神经—肌肉刺激，能够帮助幼儿募集到更多的Ⅱ型肌纤维，该类型肌纤维的强化是幼儿力量与爆发力提升的关键。同时，弓步前跳因位移的产生，较原地的垂直跳跃而言，对幼儿屈髋能力有着更好的强化效果。

（2）技术与手段控制

①正确的弓步姿态。两脚前后站立，前侧腿胫骨垂直地面，后侧腿股骨与躯干均垂直地面，从侧面观察，肩、髋，以及后侧腿膝关节为三点一线。

②肩关节充分伸展形成上肢后摆状态。

③前侧腿主导发力，伸膝、伸髋的同时，肩关节屈曲双臂向前上方摆动。

④前侧腿充分伸膝、伸髋，向前上方跳跃。

⑤腾空过程中，充分伸膝、伸髋的前侧腿向前摆动。

⑥双足同时落地缓冲。

⑦后侧腿前摆，变为下一次跳跃的前侧腿，并循环以上步骤练习。

第三节　双脚连续跳

一　双脚连续跳测试解读

（一）测试目标与存在的问题

双脚连续跳的主要测试目标为下肢肌肉超等长力量。协调性一直以来难以用具体的测试手段量化其水平，双脚连续跳的测试过程更多地依赖伸展—收缩循环工作原理，有着典型的爆发力输出特征。在跳跃的支撑阶段，需要神经—肌肉系统在短时间条件下对抗地面反作用力，是以肌力为基础的爆发力测试。从神经—肌肉视角看，双脚连续跳比立定跳远更具爆发力特征，但两者在测试功能目标中有一定的重叠。双脚连续跳更多地强调了每次落地的姿势是否可以为下一次跳跃创造好的发力条件。立定跳远上、下肢的配合在连续跳中能够得到更为明显的效能发挥。腾空中的质心控制能力也是决定双脚连续跳成绩的重要因素，因为更好的质心控制能力为合理的落地技术创造了条件，而合理的落地技术是下一次起跳肌肉工作效率的保障。双脚连续跳的协调性因素体现得并不显著，没有复杂和快节奏的动作过程。因此，难以用双脚连续跳的成绩评价幼儿的协调能力。

（二）测试对幼儿提出的相关能力要求

1. 腾空阶段质心的控制能力

幼儿能否在空中很好地控制各关节的位置，是决定连续跳支撑技术合理性的关键。2021—2023年对昆明市6000余名幼儿进行的双脚连续跳测试观察发现，腾空质心控制不足会导致幼儿在没有支撑的条件下质心出现明显的前旋，导致在落地时肩关节垂直投影点明显超过膝关节垂直投影点的情况，腾空质心控制问题大幅延长了幼儿地面支撑时间，甚至导致部分幼儿无法完成测试。腾空质心的控制与幼儿的时间、空间感觉及核心力量、基本动作模式关系密切。

2. 肌肉的超等长收缩能力

肌肉的超等长收缩能力是该项测试考察的核心能力。超等长力量包括了肌肉在缓冲阶段的离心收缩，以及蹬伸阶段的向心收缩。利用肌肉肌腱的自然弹性成分与牵张反射机制，能显著增加肌肉力量。毫无疑问，在大多数专项运动中，超等长力量都很大程度上决定着专项运动表现。幼儿进行超等长力量练习是有条件的，包括肌肉力量、蹲的基本动作模式，以及适宜的负荷，在不满足条件的情况下盲目地进行相关练习存在风险。以上分析再次论证了幼儿力量发展逻辑构建的必要性，教师需要以此为依据进行幼儿相关力量能力的发展，确保安全、高效地实现教学目标。

3. 良好的支撑技术

对幼儿可控技术进行教学有其必要性。连续跳跃支撑技术的基础为"蹲"的基本动作模式，表现的是"跳"这一基本技能。双脚连续跳跃只是以上基本动作模式和技能实际应用的局部场景之一。在生活中，力量、爆发力、敏捷发展中和专项运动技术中，支撑技术应用场景比比皆是。幼儿教师应该从测试能力的发展视角出发，充分结合幼儿体质健康与运动能力的构建需求进行体育教学设计。

二 双脚连续跳训练方法

（一）双脚连续跳练习的基础条件

与立定跳远相比，双脚连续跳的练习密度更大，因"二次起跳"触发了更大的地面反作用力。正确的蹲、弓步，尤其是躯干姿态与合理的下肢力线，是进行双脚连续跳等相关练习的基础条件。建议小班不宜进行该练习，应将更多的时间和精力置于基本动作模式的构建中。

（二）沙地或软垫双脚连续跳

1. 练习方式

沙地和软垫能较好地缓冲地面反作用力，减少幼儿膝关节压力。在沙地或软垫上进行跳跃练习还兼顾了幼儿稳定性的发展，软性的地面接触能调动更多的稳定肌群参与。可以采用穿越软性地面和环形循环跳跃，以及"之"字形跳跃的组织方式进行练习。

2. 教师控制因素

每次落地停留2—3秒，将连续的跳跃练习进行分解。主要目的是通过地面停留姿势的延长，进一步强化幼儿正确的落地技术。

可以在软性地面上放置标志物，距离可以超过体质健康监测的标准，也可以低于该标准。间距高于测试标准时，重点强调幼儿跳跃过程中水平速度的保持，教师需要对跳跃速度进行强调，重点发展的是正确落地生物力学条件下的超等长力量；跳跃标记间距低于测试标准时，教师需要对幼儿跳跃的高度进行强调，重点发展幼儿腾空中身体的控制能力。在以往的体育教学分解法应用中，过度地依赖了技术模式的分解，忽略了练习功能的分解，是对分解法认知的局限表现。

（三）多方向双脚跳跃练习

1. 练习方式

采用侧向跳跃，斜前方45°跳跃，斜后方45°跳跃，可进一步拓展连续跳跃的手段功能。尚不建议采用向后跳跃的方式进行练习，与向后跑一样，都存在一定的安全隐患。也可以采用以上几种跳跃方向结合的方式进行练习。不同方向跳跃可更为有效地提高幼儿的时空感觉。在不同方向上进行跳跃时，落地缓冲瞬间的关节冲击与动用的肌肉也会存在一定差异，能更为全面地发展神经—肌肉系统和躯干稳定性。组合方式的千变万化也能够激发幼儿的挑战欲和练习兴趣。

练习案例1：前跳与侧跳结合（向前—向前—向左—向左—向前—向前—向右—向右）

练习案例2：前跳与斜前跳结合（向前—向前—右前—左后—向前—向前—左前—右后）

2. 教师控制因素

教师可以通过跳跃距离来控制练习难度。在有斜前跳跃与斜后跳跃的练习中，前跳距离最远，其次为侧跳，斜前—斜后跳跃距离最近。教师需要观察幼儿在哪个方向的跳跃中出现了时间更长的支撑停顿，需要降低这个方向的跳跃距离。标志物最好采用画线的方式，如果采用迷你栏架，练习中踢倒栏架对练习密度会造成严重影响，同时又有一定的踝关节扭伤风险。

（四）变换高度的双脚连续跳跃

1. 练习方式

针对大班（5—6岁）的幼儿，可以通过变换跳跃高度增加练习难度，从跳跃平面障碍过渡到跳跃立体障碍。在立体障碍跳跃练习中，具有挑战因素，涉及幼儿的心理适应。随着练习经验的积累与能力的提升，在相同高度和距离的练习中，幼儿的自我效能感会发生变化，幼儿会觉得障碍越来越低，这是心理适应导致的结果。

2. 教师控制因素

立体障碍连续跳跃单次练习完成的跳跃次数应该进行控制，3—6个较为适宜。这可以确保幼儿在练习的后半阶段不会出现疲劳，规避因此产生的跳跃质量下降和运动损伤风险。

障碍距离以保障幼儿跳跃成功率为首要依据。过近或过远的障碍距离都不利于高效的跳跃过程。可以采用分层教学，通过练习将障碍数量分为3个、4个、5个，据此规律逐渐进阶。

第四节　10米折返跑

一　10米折返跑测试解读

10米折返跑用于测试幼儿的敏捷素质。如果深入地对该测试进行分析，会发现该测试需要的能力较为复杂。折返跑测试中，除了加速能力外，对幼儿的敏捷素质也提出了较高要求。因此，10米折返跑测试是幼儿速度与敏捷的综合能力测试。该测试的练习思路也应从以上两个因素入手。话题不得不再次触及幼儿基本动作模式、基本技能和身体素质全面发展的重要性。10米折返跑测试需要的能力，在以上三个因素的全面发展中已经全部涉及。

二 测试对幼儿提出的相关能力要求

(一) 加速能力

10米折返跑,涉及两次加速和一次减速。10米距离较短,即便测试对象为幼儿,也不涉及或极少涉及最大速度。起跑技术是加速能力的重要组成部分,加速的生物力学已经在身体素质的速度章节中进行了阐述。第一步起跑前的准备技术对于幼儿整个加速过程尤为重要,对成绩影响较大。虽然起动技术很大程度上依赖力量能力、关节活动度水平和协调能力,但是起跑前的准备姿势属于幼儿的可控技术,通过改进和强化可以有效地帮助其提高加速效率。从运动解剖学视角分析加速主动肌群及其工作方式,有利于幼儿教师选择练习手段,实现更优的手段控制过程,从而达到高效练习的目的。

(二) 离心收缩能力

离心收缩能力是所有减速运动的基础,在所有折返跑测试中,都需要减速和再加速的运动,有效的减速是折返跑的核心能力指标。在10米折返跑的测试中,幼儿减速能力可以帮助幼儿实现更长的加速距离和更短的减速距离,这个因素可有效减少完成测试的时间。离心能力是转折速度的核心能力指标,该能力的训练同样属于多因素、多效能训练。减速过程中大肌群的离心收缩为肌肉产生更大力量创造了条件,可以有效刺激向心收缩力量的提高,包括快速向心收缩与最大向心收缩力量。可将减速过程理解为有效提升幼儿力量水平的过程,但是减速的制动过程关节压力高于加速过程,正确的基本动作模式构建能够帮助幼儿利用合理的屈膝、屈髋技术减少关节压力,且使关节压力相对均衡地施加于关节面。

(三) 关节稳定性

敏捷的定义包含了快速变换方向的能力,带有"折返"性质的测验一般都具有敏捷特征。10米折返跑为封闭性质的敏捷测试，即固定跑动路线和变换方向的位置，而开放性质的敏捷测验，视、听觉被更多地调动参与，能够兼顾测试者的认知与判断能力，不论封闭还是开放性质的测验，只要涉及敏捷因素，必然会对关节的稳定性提出要求。

测试过程中的转折处主要刺激到以下两个关节的稳定能力，即膝关节与腰椎。膝关节稳定性不足，在变换方向时会大幅延长转折支撑时间，在敏捷训练的实践中，不少膝关节稳定性不足者在变换方向时会被动采用单脚连续两次支撑的方式进行减速和转折，大幅延长了"转身"的时间，膝关节稳定能力不足往往也会导致距离转折点更远的减速情况，这是为了代偿膝关节在更高速度冲击下的不稳定性。幼儿教师可以通过观察这样的结果性表现来进行具体问题的分析。

以上表述向幼儿教师提供了新的观察点和分析思路。第二个影响转折速度的是腰椎的稳定性，变换方向产生的制动始于足底，如果躯干稳定性不足，会出现变换方向的延迟，即足底制动完成，躯干仍然向变换前的运动方向运动，导致变换方向时下肢等待躯干的情况，下肢被动等待躯干恢复到既定位置（可以满足转身的关节角度）才能进行折返，使转折时间大幅延长。上述躯干不稳定因素主要出现在腰椎，腰椎稳定能力提高后，下肢制动时躯干可以形成一个相对刚性的支撑，能够始终保持在可以进行再次加速的状态，方向变换与再次加速的速度都能得到有效提高。

三　10米折返跑训练方法

10米折返跑包括了加速、减速和转身。毫无疑问，这三个因素对该测试的成绩影响最大。根据第三章第四节幼儿速度能力发展的相关内容对幼儿进行系统的速度能力构建，较直接进行测试项目练习，有着巨大的优势，根据测试的能力需要对幼儿多维度构建的速度能力进行一定的整合也是有必要的。考什么练什么的教学理念如果体现在 10 米折返跑项目中，幼儿的基本动作和基本技能将无法实现改进，运动能力构建的逻辑将被打破，同时会增加运动损伤风险，并对未来运动技能学习造成不良的影响。

（一）单步位移中的加、减速基本能力练习

1. 练习方式

幼儿双手叉腰、双足左右开立与髋同宽，单腿屈髋、屈膝，大腿抬至水平，支撑腿伸髋使重心向前位移，摆动腿随重心向前移动后形成弓步，前侧足支撑地面后，重心继续下降，该过程可以练习到离心减速的能力。该练习可以采用单腿重复练习或两腿循环练习。

2. 教师控制因素

该练习将基本动作模式与减速能力进行了结合。教师在练习中必须强调该动作模式的正确性，尤其是练习中的躯干姿态和下肢力线。在练习的初始阶段，可以将动作进行分解，即站立至形成弓步和弓步至还原站立两个部分。这样既降低了练习的难度，也方便教师进行技术检查和纠正。由于形成弓步阶段两脚前后站立，在矢状面形成了稳定的支撑，但在额状面正好相反，可以刺激幼儿身体在额状面的稳定性。在练习中，教师会发现不少幼儿在形成弓步短暂停留时，出现静态动作无法保持的情形。验证了稳定性是所有运动的功能基础。

在练习中，教师需要强调躯干动作，要求幼儿躯干保持正直。在该练习中，普遍出现的错误是躯干过度的前倾，该动作模式对于减速极为不利。静态的弓步技术正确性是确保高效、安全动态练习的基础。教师有必要在练习该手段前构建正确的基本动作模式，并在每次练习前进行静态动作正确性的引导。

（二）连续加速、减速练习

1. 练习方式

利用绿色标志盘（代表加速）和红色标志盘（代表减速）间隔6米依次摆放，前方为绿色标志盘，需要幼儿在该6米区间范围内进行加速，加速至绿色标志盘后，前方为红色标志盘，幼儿需要在6米的区间进行减速，待红色标志盘到达瞬间将速度降低为静止状态。教师根据教学班级的人数设置练习分组，并根据学生年龄和水平灵活设定标志盘数量。该练习的最大优势是在最少的单位时间内，使幼儿积累更多次数的加速、减速体验，并在该过程中，整合了速度发展的多种能力，也包括了一定的敏捷发展功能。

2. 教师控制因素

减速过程较加速过程对幼儿关节的冲击更为强烈，凸显了基本动作模式和基本技能学习的重要性。在减速过程中，幼儿膝关节、踝关节稳定性不足，或减速支撑的离心过程中膝关节内弯，是导致幼儿膝关节疼痛和损伤的重要因素。只有基本掌握，并有能力表现出正确的蹲、跑、跳跃动作时，才能进行更高强度和密度的加速、减速练习。

6米加速和6米减速的距离标准设定主要以10米折返跑测试的能力发展需求为依据。在一定范围内，加速距离越长，减速难度越大。因此，根据幼儿的实际情况，将一个加速或减速区间设定为6米较为适宜。当然，随着幼儿加速和减速能力的提高，教师可以适当地增加标志盘区间距离，也可以对加速距离和减速距离进行不同调节，例如增加加速距离，缩短减速距离。

在高速水平位移的练习中，教师必须注意各练习组之间的间距，以合理地进行组织并规避有可能发生的安全问题。例如，正在练习的幼儿和练习结束回到起点的幼儿有可能发生碰撞。因此，必须规定好各组返回路径，并用其他颜色标志盘或标志桶进行引导。

（三）加速能力与加速练习

在幼儿的身体能力体系构建中，加速能力是非常重要的子因素。加速能力反映了幼儿的爆发力、基本动作模式和加速生物力学。在几乎所有专项运动中，加速能力都属于核心竞技能力指标，也是多数主流运动项目选材、测试的核心指标。在幼儿体质健康测试中，10米折返跑较少地刺激到幼儿的敏捷性，加速能力对该测试成绩的影响权重更高。

1. 静态条件的力量性练习

（1）练习方式

幼儿两脚前后开立，纵向间距和横向间距均为一脚。在此基础上，重心下降至前腿膝角约90°，待该姿势稳定2秒后，爆发式地垂直向上跳起。为了两腿力量均衡发展，两脚应依次在前进行练习。该力量练习与起跑过程静态条件下进行的爆发式向心收缩模式一致，有助于幼儿起跑能力的提升。

（2）教师控制因素

教师需要强调幼儿向上跳起的最大速度，下蹲静态位置阶段允许幼儿躯干有轻微的前倾，为了更好地单纯发展下肢爆发力，可以要求幼儿双手叉腰，封闭上肢摆动对跳跃形成的助力。

如果要求幼儿在下落时形成下一次起跳的双脚合理位置，则更有利于练习的连贯性，从而强化了教学过程的密度，高密度的连续练习适合已经初步掌握练习技巧的幼儿。教师需要注意即便是连续性的练习，也应保证起跳前至少2秒的静态动作保持。

2. 俯卧撑蹬摆练习

（1）练习方式

幼儿成俯卧撑起始姿势，肘关节伸直，双手横向距离与肩同宽或略宽于肩。侧面观察，肩、髋、膝、踝成四点一线。在此基础上，原地进行大幅度的下肢蹬摆练习。蹬伸要求膝关节完全伸展，摆动屈髋至大腿接近躯干。通过平板支撑等核心静态控制练习积累的脊柱抗伸展能力是俯卧支撑蹬摆练习的基础。

（2）教师控制因素

教师要合理把控练习的进阶过程。在最初练习时，需要在蹬摆结束瞬间停止，并纠正动作。待幼儿基本掌握正确动作后，在教师口令引导下，进行更快节奏的连续性练习，也可采用由慢至快的节奏进行练习。最终将该练习进阶至与加速跑节奏相吻合，在幼儿进行俯卧蹬摆练习时，教师通过拍手或哨声提示，幼儿听到提示音后，立即由原地俯卧蹬摆转入向前的加速位移状态。

第五节　坐位体前屈

一　坐位体前屈测试解读

坐位体前屈主要用于测试以腘绳肌为主的背链肌肉的延展性。坐位体前屈受腿长、躯干长、臂长等因素的干扰。其测试值并不能完全客观地反映测试者的相应能力。坐位体前屈动作存在腰椎风险，可作为测试手段，不建议作为长期性的练习手段。

（一）坐位体前屈练习的潜在风险

在幼儿关节活动度发展章节中，已对坐位体前屈动作的腰椎风险因素进行了相关阐述，在坐位体前屈的练习中，教师需要格外注意安全性问题。体质健康测试与体能、技能练习的根本目的是提升学生体质健康水平和建立运动兴趣，过程中的潜在风险是体育教师必须了解和有效规避的。

（二）坐位体前屈练习中常见的错误操作

幼儿教师需要清晰地了解不同拉伸形式对关节活动度提升的不同效果。肌筋膜梳理叠加静态或PNF拉伸能够有效提高关节活动度，不建议采用弹震拉伸作为坐位体前屈的练习或准备方式。

因弹震拉伸导致更快的牵拉速度，肌梭在这种形式的拉伸条件下更容易被激活，使拉伸目标肌群产生反射性的收缩，不利于肌肉延展性的发展。

在坐位体前屈状态下，弹震式的拉伸因速度产生的惯性力，导致脊柱容易形成更大幅度的屈曲，腰椎负荷会明显增加。相比之下，静态拉伸在提升关节活动度层面有更好的安全性和实效性表现。

（三）规避坐位体前屈练习风险的途径

1. 调节练习时的坐位体前屈姿态

在进行坐位体前屈练习时，通过调节腰椎的姿态可以减少腰椎间盘的压力。学生挺胸，上臂前伸，肩关节与腕关节等高，上肢与地面成平行状态，该动作有利于最大程度地保持腰椎前凸曲度，相对平衡了腰椎前部与后部的压力。在这种条件下，指尖的前伸距离虽然受到了限制，但是有效提升了练习的安全性，且对于下肢肌群柔性的练习效果并没有发生明显变化，在幼儿体育教学中可加以应用。

2. 根据坐位体前屈测验的目标肌群进行分解式的练习

肌筋膜网络理论阐述了背链肌肉筋膜的整体性，其从足底向后贯穿至后脑部直至前额。实践中对这个肌筋膜链条中的任意段落进行梳理或拉伸，都具有提升坐位体前屈幅度的功能。单独地对限制坐位体前屈幅度的若干肌群分别进行拉伸，可以有效规避安全隐患。从另一个视角看，每个人坐位体前屈的限制可能会不同，针对性的分解式练习可以帮助体育教师达到更为理想的练习效果。

3. 采用其他体位进行练习

在仰卧单腿上举的动作中，因其仰卧位中骨盆—脊柱的关系与正常站立位相似，有效地规避了腰椎的压力，同时也规避了臂长与腿长对测试结果准确性的干扰。可以将其作为坐位体前屈的辅助练习，发挥其固有优势。该手段减少了脊柱屈曲动作，骨盆与腰椎的相对位置稳定,排除了安全风险。

对竖脊肌紧张限制坐位体前屈幅度的练习对象而言,需要增加其他练习手段。站立的屈髋举腿拉伸与仰卧位单腿上举类似(相同动作,不同体位),对幼儿而言,站立的举腿拉伸除增加目标关节的活动度外,较长时间地维持该姿势对于平衡与控制能力也会形成一定刺激。但是,如果不具备平衡能力基础,则无法实现该练习的基本功能。

二 坐位体前屈测试目标关节的活动度训练——静态拉伸

坐位体前屈主要检测的是背链肌群的柔性。从当前幼儿的生活学习状态分析,幼儿每日坐姿持续时间较长,餐饮、乘车、听课、课外学习等占据了幼儿除睡眠以外的大部分时间。在长时间坐姿条件下,幼儿脊柱屈曲、髋关节屈曲,导致了腹直肌、髂腰肌等肌群长期处于"短"的状态,这些肌群因长期久坐姿态产生"短"适应后,其对关节活动度的限制会影响运动表现。因此,幼儿教师需要根据幼儿的具体情况均衡且适度地发展关节活动度。需要注意的是,幼儿的关节活动度优于成年人,不能将两者进行对比。

静态伸展在获得更高的关节活动层面优于弹震式伸展,为进一步提升关节活动度创造了更好的条件。静态伸展需要练习者缓慢转动关节至轻微不适的身体姿态,并维持15—30秒,待肌肉长度发生变化后,可采用更大的幅度进行拉伸。静态拉伸一般在体育教学基本内容结束后进行。在静态拉伸时,可以使用舒缓的音乐创造更佳的静态拉伸情境。

(一)仰卧直膝屈髋

1. 技术与手段控制

幼儿采仰卧位,练习腿直膝状态下屈髋至腘绳肌有轻微不适的屈髋点,双手握持练习腿踝关节,并保持该姿势15—30秒。如屈髋幅度受限，双手握持的位置可向膝关节方向靠近。对于仰卧位屈髋能力较差的幼儿，可以采用辅助带进行练习，辅助带可以帮助幼儿在手与踝关节较远的距离条件下完成练习。该练习属于静态拉伸范畴，可以作为体育课程结束部分的内容。前已述及，仰卧位的直膝屈髋练习大幅减轻了腰椎的压力，规避了坐位体前屈练习的风险，适宜长期应用。该练习的缺点是，几乎没有对竖脊肌进行拉伸，对于竖脊肌过度紧张影响坐位体前屈成绩的幼儿而言，需要有专门的针对性拉伸，但这种情形在幼儿中较为罕见，使竖脊肌在脊柱屈曲条件下被拉伸的动作在体育运动中也同样罕见。

①仰卧于垫上，非练习腿保持直膝并紧贴地面，防止膝关节屈曲。

②练习腿上举并保持直膝状态。

③非练习腿足尖始终保持向上，练习腿踝关节保持背屈状态。

④可以通过练习腿一侧髋关节的内旋与外旋，将拉伸的侧重点迁移至腘绳肌中的其他肌肉，例如当髋关节外旋时或髋关节屈曲同时进行一定幅度的内收，即可更多地拉伸到腘绳肌中的股二头肌。

⑤通过手部握持踝关节，控制屈髋幅度的稳定性，在屈髋幅度受限条件下，允许脊柱屈曲，上背部离开地面。

⑥每组拉伸时间为15—30秒。

⑦随着关节活动度的增加，多组练习中屈髋幅度也应随之提升（多组练习的渐进性）。

2. 手段功能

降低坐位体前屈测试目标关节活动度练习中的腰椎压力。能够自主训练且有助于保持更长的静态拉伸时间，对于腘绳肌的柔性提升有较好的训练效果。

（二）坐姿脊柱旋转

坐姿状态下，一腿直膝另一腿屈膝，屈膝腿的足部置于直膝腿膝部外侧。直膝腿同侧肘关节置于屈膝腿膝关节外侧，屈膝腿同侧臂在躯干后形成支撑，该手段也可拉伸到梨状肌。

1. 技术与手段控制

①双臂保持肘关节充分伸展。

②屈膝腿膝关节角度为90°。

③直膝腿脚尖保持向上。

④躯干在冠状面保持稳定，不可出现左右倾斜。

2. 手段功能

实现竖脊肌和梨状肌的伸展，降低因竖脊肌紧张导致的脊柱屈曲受限，排除该限制对坐位体前屈成绩的影响。

第六节　走平衡木

一　走平衡木测试解读

走平衡木测试旨在评价幼儿的平衡能力，平衡能力已经普遍被纳入身体素质指标之中。从国际主流的平衡能力测试方式看，并没有走平衡木测试方法，似乎难以在测试信度、效度与可操作性之间找到双优策略。目前，学界对走平衡木检验幼儿平衡能力的科学性存在诸多争议。从平衡的概念视角分析，该测试对幼儿平衡能力的评价干扰因素众多，难以客观和精准反映幼儿的平衡能力。

二　测试对幼儿提出的相关能力要求

在走平衡木的水平位移中，考验的是移动中维持中立姿势的能力，较少涉及偏离中立后恢复姿势的能力。因此，将走平衡木作为提升幼儿平衡能力的策略是存在问题的。可以从功能视角出发，通过对走平衡木形式、方法的改变，针对性地提升幼儿平衡能力。

三　走平衡木的训练方法

(一) 弓步走平衡木

1. 练习方式

幼儿向前跨大步，两脚前后距离约等于两个肩宽，双脚前后开立支撑稳定后，向下缓慢等速地降低重心，后侧腿膝关节轻触平衡木后缓慢且等速地站起，并降低整体位移速度。在形成弓步且重心向下和向上的过程中，强化了脊柱偏离中立位后恢复姿势的能力，可对幼儿平衡能力形成有效刺激。控制能力一般需要在较慢的身体位移或关节运动速度条件下进行练习，教师在平衡练习时应该对"慢速"原则进行强调。

走平衡木形式的变化带来的平衡能力提升仍然需要建立在基本动作模式正确的基础上。形成弓步的动作是否正确决定了下肢相对稳定的条件下躯干对抗不稳定的能力。当练习中出现躯干姿势不正确、前侧腿膝关节力线不合理、后足方向不正确等问题时，幼儿难以通过神经—肌肉控制维持平衡。因此，在体育活动或运动中，基本动作模式的构建是基础，也是核心。

2. 教师控制因素

教师需要研判练习的安全性，并对安全性问题进行规避。分析、预见安全问题并采取相应措施是幼儿教师体育教学的基本能力。在平衡木练习中，教师需要防止幼儿因两脚分离在平衡木左右两侧而摔坐在平衡木上，以及从平衡木上摔落导致后踝关节、膝关节扭伤等安全问题。平衡木下应放置软垫。此外，幼儿教师可专门进行重心不稳定掉落平衡木后如何安全落地的讲解与技巧练习。

强调平衡木上弓步行走动作的正确性极为关键，包括膝关节位置、骨盆位置和脊柱的中立状态保持。在此基础上，强调重心下降和重心上升的慢速和等速。在该练习中，教师可以控制的难度变量包括：双足前后开立的大小，重心下降与上升的幅度，以及双手侧平举或双手叉腰。对于完成动作有困难的幼儿可以采用一个或多个变量的综合效应降低练习难度。如果通过练习，幼儿在重心下降和上升过程中已经很少出现躯干不稳定情况，且下肢的弓步动作合理，此时该练习基本不再对幼儿的平衡能力形成有效刺激，可以增加上肢和躯干任务的数量或单一任务的难度，以形成练习中新的平衡刺激。

（二）并步走平衡木

1. 练习方式

幼儿侧对行进方向位移，双足以开立—并拢循环的方式行进，双足开立距离略宽于肩，该练习可以作为扑步走平衡木的准备。

在面对行进方向的走平衡木练习中，因前后形成了支撑点，主要对肢体额状面的平衡能力形成刺激，对矢状面平衡能力的强化不足。而当练习模式变化为侧对行进方向时，即在额状面形成了相对稳定的支撑，可更为显著地对矢状面平衡形成冲击，进一步全面地强化了幼儿的平衡能力。

2. 教师控制因素

在最初练习时，教师可以要求幼儿适当降低身体重心，通过髋、膝、踝三关节屈曲的低重心条件，维持平衡的难度也会随之降低。需要再次强调的是，该动作涉及下蹲这一基本动作模式，如果幼儿动作错误，哪怕是在髋、膝、踝小幅度屈曲时，重心也会偏离垂直轴，反而增加了维持平衡的难度。如果幼儿在重心降低的侧向行走过程中频繁从前侧掉落，一般情况下是由蹲的错误模式导致。

在该练习中，教师需要注意的安全因素包括：幼儿背向掉落，以及双脚位置出现前后开立导致在平衡木上摔坐。在幼儿行走时，教师应站于幼儿后侧，与幼儿保持相同的位移速度，防止两种危险情形的出现。宜采用更低的平衡木进行练习，且平衡木两侧应放置软垫。该练习不论幼儿如何熟练，都不适宜融入竞技性因素，其原因有二：其一，高速位移与平衡能力的强化为矛盾因素，必须降低位移速度和动作速度，以实现更优的平衡能力强化效果；其二，移动速度的强调，显著提升了练习风险，不符合幼儿体育教学的基本要求。

（三）扑步走平衡木

1. 练习方式

可以将扑步行走视为并步行走的进阶练习。两者都在矢状面提升了平衡难度，但扑步行走融入了更为显著的重心下降和升高，该过程是形成额状面稳定性挑战的主要因素，对力量和平衡提出了双重要求。

幼儿侧对行进方向，降低重心的同时，靠近行进方向一侧足向远端开立。形成一侧下肢髋、膝、踝三关节充分屈曲，另一侧下肢直膝且髋关节外展，形成类似武术的扑步动作。在重心升高阶段，形成扑步的重心支撑足向位移足靠拢，成双足并拢的立正姿势。为了保证两个方向、两腿都能得到均衡发展，需要幼儿面朝不同方向进行往返练习。

2. 教师控制因素

幼儿练习中形成扑步时双脚开立的大小，以及重心下降的幅度可以作为控制难度的变量。该练习形成了单足的屈膝、屈髋，以及踝关节背屈。因此，仍然涉及下蹲模式。教师可以在该练习中强调躯干姿态，以及膝关节力线。在练习中会发现，下蹲模式出现问题的幼儿仍然难以高质量地完成动作。从另一个角度看，可以通过该平衡练习，提升幼儿单侧为主的膝关节伸展力量，同时进一步强化正确的基本动作模式，实现多因素的练习效能。与并步走平衡木一致，该练习需要教师在幼儿后方，与幼儿保持相同的位移速度进行保护，练习密度可能会因此受到一定影响。针对练习间隙等待的幼儿，教师可以安排原地平衡练习，以弥补练习密度层面的不足。

（四）双足前后、左右开立站半泡沫轴

1. 练习方式

半泡沫轴两侧放置软垫，防止幼儿从泡沫轴上摔落受伤。幼儿双足前后开立，站在半泡沫轴上，轻微屈膝、屈髋，重心位于两腿之间。也可采用左右开立的方式站立半泡沫轴，练习功能差异主要体现在矢状面和额状面形成的不同平衡刺激，与不同朝向走平衡木类似。可以采用两种半泡沫轴的摆放方式，一种为平面接触地面，另一种为弧面接触地面。两种接触方式的练习异同点在于，弧面接触地面练习时，双足接触面积更大，但器材支撑面积小，器材本身的稳定性降低。平面接触地面的半泡沫轴更具稳定性，但幼儿足部接触面积更小。两种练习方式分别在不同层面进行了加难和减难。通过练习实践观察，弧面接触地面导致的半泡沫轴摇摆，对平衡会形成更大的冲击。因此，练习难度大于平面接触地面的摆放方式。幼儿教师可以根据以上信息合理安排两种练习模式的进阶顺序。

2. 教师控制因素

因泡沫轴高度较低，再配合软垫防止摔伤，幼儿可以进行无保护的自主练习。半泡沫轴功能丰富且价格低廉，幼儿园可实现教学班两人一个或每人一个器材，以保证练习的更高密度。练习者间距是教师需要考量的重要安全因素，确保幼儿练习中不会出现碰撞。

该练习具备融入游戏因素的条件，以半泡沫轴上站立时间为评判标准进行的团队或个人的游戏性竞赛，可以激发幼儿的挑战欲并延长注意的时间。该练习精准地通过支撑点的不稳定或减少支撑面积，导致由足部开始向上传递的全身"不稳定"，从而频繁使幼儿重心偏离稳定区域，并通过神经—肌肉的调节与控制将重心"归位"，不断地"偏离"—"归位"是幼儿平衡能力得到改善和强化的核心。而单纯地走平衡木缺乏以上平衡能力的构建要素。

（五）走半泡沫轴

1. 练习方式

将多个半泡沫轴平面接触地面，接续摆放3—5米距离，幼儿从起点走至终点。相较于走平衡木而言，足部接触面积发生了改变，且接触面为非平面，在以上两个因素中均提升了平衡控制的难度。半泡沫轴的高度显著低于平衡木，不易因恐惧影响平衡能力构建。全海英等在国民体质健康监测幼儿测试部分的研究中表明，走平衡木时，有很多幼儿是因为对平衡木的恐惧导致不能取得好的测试结果，还有的未能完成该项测试内容。影响幼儿平衡木测试结果的直接原因是恐惧心理，而非幼儿的平衡。走平衡木并不能够测得幼儿平衡能力发展的真实水平，这样的体质测定对促进幼儿平衡能力发展的作用不大[1]。走半泡沫轴将幼儿恐惧这一干扰因素降低，将平衡难度进一步提升，从手段功能与教学价值上实现了显著的优化，并且对走平衡木测试成绩的提升具有明显的练习效果。

2. 教师控制因素

教师可以根据幼儿的平衡能力现状采用分层教学。对于平衡能力较好的幼儿要求双手叉腰，平衡能力相对较弱的幼儿则要求双臂侧平举，并可以在行走过程中通过肩、肘关节的运动辅助身体维持平衡。随着幼儿平衡能力的提升，教师可提出一定的速度要求。纵队进行练习时，教师需要注意与相邻练习组之间的安全距离。在走半泡沫轴时，幼儿重心不断提高是熟练程度与控制能力提升的显著标志，该练习对提高走平衡木的测试成绩而言安全、高效。

---

[1] 全海英、张玉婷：《对〈国民体质测定标准〉幼儿部分的几点质疑》，《体育学刊》2016年第3期。

第五章 幼儿功能性游戏的开发、设计与应用

第一节 中国幼儿体育游戏理论研究与实践现状

近年来，针对幼儿体质健康、体育与运动的理论研究体现出了逐年递增的趋势，幼儿体育微观实践性研究的质与量也取得了一定的进展，但诸多涉及幼儿体育游戏系统性、科学性的相关问题仍然需要进一步探索。有学者研究指出，中国幼儿体育起点低、基础薄。这与理论研究领域的研究出发点和落脚点不接地气有密不可分的关系[1]。就幼儿体育游戏而言，指导用书普遍对幼儿跑、跳、投游戏特点的培养策略编写不详细，不能有效地指导幼儿体育教师开展教学工作，未能激发幼儿体育教师的创新意识[2]。在相关课题研究方面，谭星在《幼儿园体育》一书中指出，幼儿体育方向着重于新课题的研究，却忽视研究成果的应用，基层幼儿园教师缺少查阅学习的机会，不能及时阅读到最新关于幼儿教育的研究成果资料。因宣传推广力度不够，以及信息交流不及时，导致幼儿体育科学研究出现一种怪圈现象，即这边在进行结题宣传推广，那边却在着手立题研究；

---

[1] 林小环：《幼儿园体育游戏的设计与组织实施》，《学前教育研究》2011年第5期。
[2] 王晓彤：《幼儿跑、跳、投游戏设计与指导策略探索》，《青少年体育》2021年第3期。

这里研究成果已见书刊，那里还在走老路①。中国幼儿体育的理论研究始终在走"高、大、上"的宏观研究路子，极少有研究去引领幼儿体育教学的具体行为，没有从根本上解决怎么做和为什么这么做的实际问题。美国《3—5岁儿童运动课程的适宜性实践》中指出，幼儿运动课程的适宜性教学所必备的四种目标为：幼儿基本运动技能的习得（技巧）、对于基本运动技能和概念的认知理解（知识）、参与运动的愉悦感和成就感的形成（情感），以及对于体育活动的坚持（气质）②。四大目标中排在前两位的是技能习得与体育知识。目前，中国幼儿体育教育中对运动技能和体育知识的重视程度不足。教师、家长普遍将运动技能理解为专项运动技能。然而，处在3—6岁的幼儿需要习得的是基本动作模式和跑、跳跃、投掷、旋转、攀登、爬行等基本运动技能。

理论研究成果的实践应用价值不高，导致其未能有效地推动中国幼儿体育教学科学性和有效性的提升。焦友吉等学者研究认为，体育教学大纲与教材建设必须以教学目标为核心。实践证明，整个体育教学大纲、教材的编订工作都是围绕体育教学目标的确定而进行的③。体育游戏的设计开发、应用与改进过程也不能脱离目标。而幼儿阶段没有明确的体育教学目标成为严重制约体育游戏效能发挥的因素。

在幼儿体育游戏研究和实践领域，高质量的研究较为匮乏，幼儿教师仍然处在学习游戏过程本身的模仿阶段，未能建立游戏与目标、功能之间的联系。周斅激认为，体育游戏的确有效地激发了幼儿的体育学习兴趣，提高了体育教学的效果。但大多数的游戏出现

---

① 谭星主编：《幼儿园体育》，北京师范大学出版社2001年版，第12—13页。
② 程妍涛：《美国〈3—5岁儿童运动课程的适宜性实践〉的内容、特色及启示》，《体育文化导刊》2016年第3期。
③ 焦友吉、李跃进、董翠香：《新中国中小学体育教学大纲与教材建设的回顾》，《北京体育大学学报》2002年第5期。

了形式化、教学化、自由化和模式化等问题。教师忽视了体育活动的本质属性,未能考虑幼儿身体和运动的发展规律,未能根据幼儿的身心特点和运动发展的规律合理选择、安排体育活动,调节运动负荷,出现了教师教学时很少考虑运动强度、运动量、练习密度及医务监督等现象。体育活动成了仅仅让儿童快乐、自由、创造的心智活动,致使体育活动中幼儿的活动量达不到科学锻炼的要求[1]。目前,中国幼儿体育游戏研究中对游戏的功能描述仍然处在"发展幼儿奔跑能力,发展幼儿协调能力、跳跃能力"的简单概括范畴。游戏中有跑就是发展跑的能力,游戏中有跳跃就是发展跳跃的能力,至于怎样跑、怎样跳,能实现怎样的身体发展,达成哪些体育教学目标则鲜有阐述。幼儿教师的体育游戏设计能力普遍不足,游戏缺乏设计内涵,对幼儿体育游戏设计的原则、方法、逻辑等核心要素的认知局限限制了幼儿运动实践中体育游戏对教学目标达成的贡献率,幼儿体育游戏未能高效地实现对体育教育过程的促进作用。孤立地看待体育游戏,将体育游戏简单地视为准备活动,或视为趣味性的身体运动,也是普遍存在的认知误区。

第二节 幼儿功能性游戏的"功能性"解读

功能性训练最初源自康复训练领域[2],随着功能性动作筛查和功能性力量训练的普及,全球掀起了功能性训练的研究热潮[3],且在训练实践领域被广泛应用和认可。功能性训练是功能解剖学两个层面的训练。第一个层面是机械物理的骨骼、肌肉、肌腱、韧带、筋膜

---

[1] 周敩激:《南京市幼儿园体育的现状与发展对策研究》,硕士学位论文,苏州大学,2006年。
[2] 姜宏斌:《功能性训练概念辨析与理论架构的研究述评》,《体育学刊》2015年第4期。
[3] 李丹阳、胡法信、胡鑫:《功能性训练:释义与应用》,《山东体育学院学报》2011年第10期。

等基本组织；另一个层面是以神经系统、心血管系统、呼吸系统、内分泌系统，以及本体感觉控制能力下的立体结构，具有整体观的本质，动作有着复合性、多维性特征，追求机能的整体、全面发展①。目前，国内的功能性体育游戏研究中的"功能性"属于"功能性训练"领域的"功能性"界定范畴，是功能性训练与幼儿体育游戏的结合②。而针对幼儿开发的功能性游戏，此"功能性"非运动训练领域的彼"功能性"。

研究表明，幼儿基本动作技能发展并不是自然形成的，需要在内外部因素相互作用下循序渐进地发展③。在此基础上，如果幼儿教师无法把动作学习与机体发展两者融合，对健康有积极益处的身体素质将无法得到强化④。基于此，传统幼儿体育游戏的设计与实施未能将以上内外部因素进行有效整合与应用，在学前教育高质量发展和幼儿体质健康存在迫切需求的大环境下，功能性体育游戏的研创对于解决幼儿体质健康问题、强化幼儿多维身体能力、构建幼儿基本动作模式和运动技能，以及未来义务教育阶段的专项运动技能学习具有重要意义。

幼儿功能性游戏的"功能性"是以幼儿需要实现的体育教学目标，尤其是身体目标为基础。依据实现目标需要的功能体系进行游戏的创编、设计，以实现功能，进而充分体现精准服务目标为第一要义。在游戏的设计中，娱乐性是逻辑链条的末端，是实现功能的

---

① Boyle M. Verstegen. M., et al., *Advances in Functional Training: Training Techniques for Coaches, Personal Trainers and Athletes*, 2nd edition, Chichester: Lotus Publishing, 2011, p. 2.

② 李闯、徐朋等：《功能性体育游戏对6—8岁儿童空间感的影响》，《中国学校卫生》2022年第8期。

③ 童甜甜、陈美媛等：《幼儿基本动作技能发展影响因素的研究进展——基于社会生态学模型的视角》，《北京体育大学学报》2020年第5期。

④ Huotari P., Heikinarojo P., et al., "Fundamental Movement Skills in Adolescents: Secular Trends from 2003 to 2010 and Associations with Physical Activity and BMI", *Scandinavian Journal of Medicine & Science in Sports*, Vol. 28, No. 1127, March 2017.

载体。围绕幼儿需要解决的体质健康问题，以及需要发展的相关身体能力进行设计、组织实施的游戏称为功能性游戏。功能性游戏与传统幼儿游戏的区别在于，传统幼儿游戏主要基于快乐和兴趣，在此基础上动起来。至于怎样动，为何这样动，能解决何种体质健康问题，主要发展了幼儿哪些能力，这些能力对幼儿义务教育阶段的运动技能学习具有怎样的基础性支撑作用，没有给予过多的关注。娱乐性与功能性在一定程度上存在矛盾，功能性游戏针对性地将问题解决进行了游戏化的包装，激发幼儿的练习兴趣，多数游戏在幼儿无意识条件下提升其相关能力，助力体育教学目标实现。必须认识到，即便是功能性游戏，也仅仅是实现幼儿体育教学的众多途径之一。有意识的、注意力高度集中的练习仍然是幼儿体育教学的重中之重，这是基本动作模式掌握和基本运动技能习得的必要条件。功能性游戏是在此基础上，对基本动作模式与基本运动技能的整合、发展过程，两者缺一不可。

第三节　幼儿功能性游戏设计的基本原则

一　逻辑性原则

3—6岁是人类动作发展的关键期[1]。幼儿教师对幼儿体育游戏的认知是其设计与实践体育游戏的基础和根源，直接关系着幼儿园的体育游戏质量和幼儿的体质健康与动作发展[2]。幼儿体育游戏设计的基本逻辑则属于认知基础范畴，遵循幼儿体育游戏设计的规律，并提取各因素间的逻辑要素，以此为依据可以快速有效地提升幼儿教师体育游戏设计的功能性、科学性和应用价值。

---

[1] 范雪、罗冬梅等：《3—6岁幼儿跑步动作发展特征及教学策略分析》，《体育科学》2017年第11期。

[2] 王晓芬、雷培梁、李燕：《幼儿教师体育游戏认知的现状调查》，《体育科学研究》2022年第1期。

幼儿功能性游戏的身体教育价值远超"让幼儿动起来"的趣味游戏范畴，也区别于功能性训练与传统体育游戏模式融合下的游戏设计理念。幼儿功能性游戏构建了设计元素（动作）与功能，功能与目标之间的通路，使游戏的功能性体现在宏观目标下的具体目标中，如图 5-1 所示。

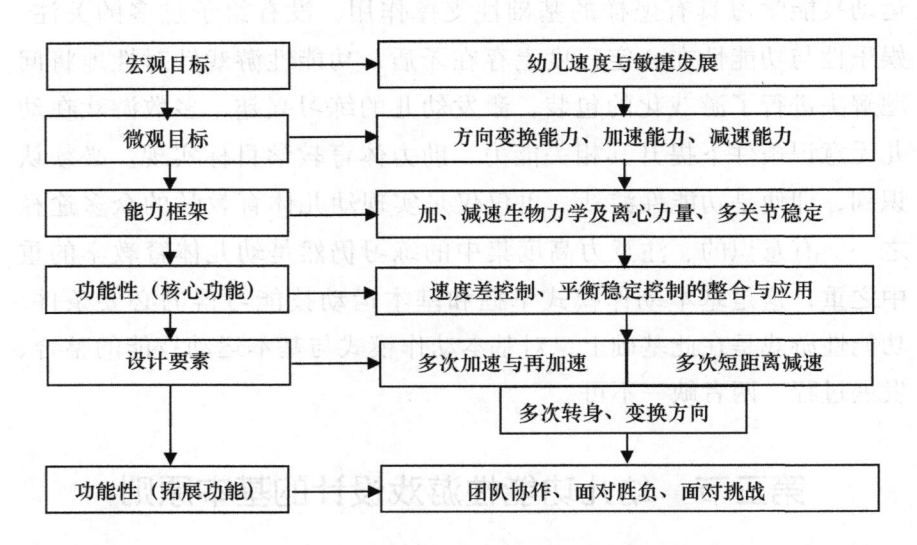

```
宏观目标      →  幼儿速度与敏捷发展
  ↓
微观目标      →  方向变换能力、加速能力、减速能力
  ↓
能力框架      →  加、减速生物力学及离心力量、多关节稳定
  ↓
功能性（核心功能） →  速度差控制、平衡稳定控制的整合与应用
  ↓
设计要素      →  多次加速与再加速    多次短距离减速
                       多次转身、变换方向
  ↓
功能性（拓展功能） →  团队协作、面对胜负、面对挑战
```

图 5-1　幼儿敏捷功能性游戏设计逻辑

依据逻辑构架进行设计是实现游戏功能性的基本条件。游戏设计者具备较为扎实的运动生物学基础，了解幼儿身体发展特征和发展需要则是依据逻辑构架的基本条件。当前幼儿体育活动的游戏设计普遍缺乏功能性，没有很好地解决怎样动、为何这样动的关键性问题。归根结底，是因为目前幼儿体育教学缺乏目标，尤其是缺乏针对中国幼儿体质健康问题和义务教育阶段体育学习基础构建所提出的具体目标。目标体系缺失，即逻辑链的起点和根基缺失。因此，无法有效地设计更具功能性的游戏，使游戏仅仅是一种动起来的娱乐，无法承载体育教学的基本要求，更无法实现幼儿教师在设计中

第五章 幼儿功能性游戏的开发、设计与应用

的思考与提升。

二 安全性原则

（一）幼儿功能性游戏安全性原则基本认知

安全性是幼儿一切活动的基本前提。但是，教师、家长必须认识到，没有一种活动的安全性能够达到100%，尤其是体育活动。即便幼儿在缓慢地向下走楼梯时，也存在踝关节扭伤的可能性。

在游戏的设计中，幼儿教师应充分对安全性进行考量，尤其是安全性问题的预见与排除。在游戏设计中需要充分考量的安全因素包括：合理的个人与团队间距设置，以预防失衡或行进过程中的碰撞；地面材质与护具的佩戴；幼儿能力与游戏难度的匹配度；面对危险时的应对策略教育；游戏前的安全注意事项宣讲；幼儿基本动作模式的正确性（预防隐性与慢性伤害）；游戏器材的检查与保养；对游戏过程中安全隐患的敏锐观察等。游戏设计的安全性与教师设计、应用游戏的经验密切相关，新手教师应谨慎自主开展游戏设计和实操过程，需要在具备一定经验的教师带领下参与游戏设计和过程实施。

在幼儿体育教学中，幼儿主观性安全因素往往容易被忽略。主观安全性因素主要包括安全意识与身体能力两个方面。在幼儿安全意识方面，幼儿教师在学前教育专业学习期间建立了相对系统的认知构架，能够较为科学地执行与贯彻，但对幼儿身体能力与安全性关系的认知普遍模糊，难以理解其中的内在联系。例如，幼儿的时空感觉对游戏中的跳跃，尤其是跳跃中的身体方向变化具有重要的安全性支撑作用；幼儿的基本动作模式构建水平对所有游戏中膝、踝关节屈曲动作具有安全性支撑作用；幼儿关节稳定性与预防游戏中的关节扭伤关系密切；幼儿躯干姿态对急停、连续跳跃下的速度冲击起到了重要的重心维持作用。基于以上观点的阐述，幼儿身体

能力发展是在生活、运动，包括游戏中健康、安全的重要因子。主观安全因素中，不仅包括了认知因素，教师也应将身体因素纳入其中，这是满足功能性游戏设计安全性要求的核心。

（二）幼儿功能性游戏安全视角下的进阶过程

在游戏设计过程中，在充分考量幼儿身体能力的思维模式下，需要幼儿教师建立游戏设计进阶的基本认知，了解游戏设计进阶过程，如图5-2所示。

进阶1	• 稳定条件下独立完成的非位移游戏
进阶2	• 不稳定条件下独立完成的非位移游戏
进阶3	• 融入基本动作模式的独立低速位移游戏
进阶4	• 团队（2—4人）的低速、低技巧、低难度游戏
进阶5	• 团队（5—7人）的高速、单一任务或少任务游戏
进阶6	• 团队竞速、多任务游戏

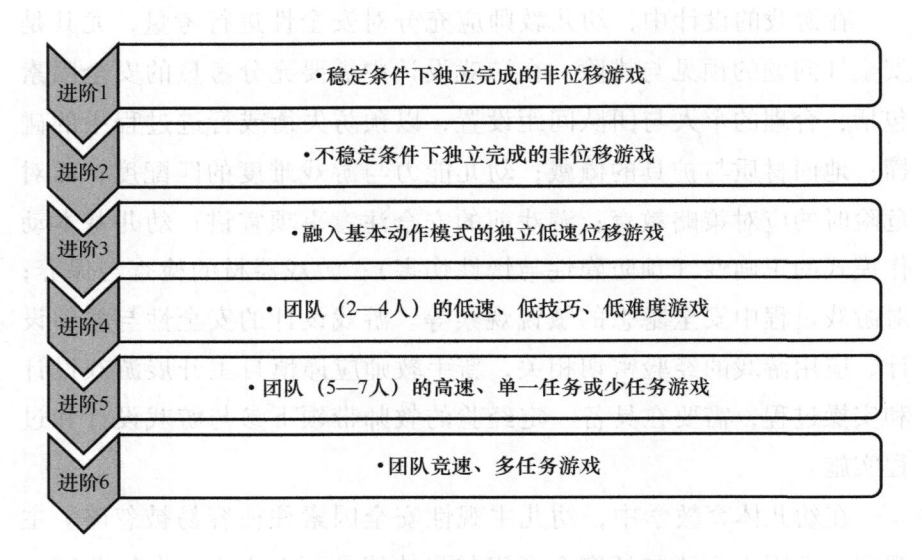

图5-2 幼儿功能性游戏安全视角下的进阶过程

1. 稳定条件下独立完成的非位移游戏

稳定条件指的是没有不稳定的专门器材和外界不稳定因素的使用和干扰，不包括幼儿单侧支撑或在游戏中捡拾物体等完成游戏任务时出现的不稳定。独立完成有助于幼儿在游戏中形成更为集中和更长时间的注意指向，有更为充分的时间和空间构建平衡能力发展的基础。在此阶段（小班3—4岁），幼儿相关身体素质、动作水平未能有效发展。因此，游戏设计不适宜融入身体能力的整合与应用因素。

2. 不稳定条件下独立完成的非位移游戏

在平衡垫等器材创造的非稳定支撑条件下，以个人挑战形式进行的游戏是非稳定独立游戏的主要特征。非稳定器材的使用增加了一定的挑战性，"可玩性"也随之提高。它有效激发了幼儿出于好奇心而进行尝试和挑战的动机，整合了慢速度下的基本动作模式与平衡能力，例如踩半泡沫轴或平衡垫捡拾物体或踩半泡沫轴算数、足触数字标志等。

3. 融入基本动作模式的独立低速位移游戏

将弓步、下蹲、推拉、旋转、投掷、爬行等动作融入游戏中，利用游戏过程发展幼儿的基本动作模式是幼儿游戏功能性的典型体现。含有基本动作模式元素的游戏，必须要求幼儿在较低的位移速度和动作速度中完成，以满足游戏中对基本动作的注意、改善和强化需求。例如，弓步钻栏架，在每个栏架后侧方放置装满各种颜色泡沫球的桶，幼儿每钻过一个栏架必须按要求找到相应颜色的球（找球的过程被动延长了幼儿关键动作的静态保持时间），并进行投掷，教师在适宜区域画好得分线，投掷距离每远50厘米多得1分，个人得分多者获胜，可以用往复钻栏架的形式进行游戏，以使幼儿投掷区域相对固定。

4. 团队（2—4人）低速、低技巧、低难度游戏

当幼儿正确掌握了基本动作模式并具备一定身体素质发展水平后，教师可设计团队竞技类游戏。团队协作竞技类游戏可以实现多项身体能力的表现与整合，但是难以高效实现动作的建立与改善目标。与体育教学、运动训练中的完整教学法类似，并不建议在一项新的技能学习初期采用。低速并不是对幼儿游戏中的位移速度进行要求，而是通过游戏内容的巧妙设计，使幼儿被动降低移动速度。例如，融入半泡沫轴或平衡垫等不稳定因素，或在移动中增加新的

任务。

5. 团队的高速、单一任务或少任务游戏

以5—7名幼儿为团队单位进行的竞速类游戏，可采用跑动竞速和跳跃竞速以及爬行竞速等方式，也可以采用多种方式相结合的模式。跑动竞速一般为直线加速跑和大角度的变换方向跑；跳跃练习为直线跳跃，或大角度变换方向的跳跃；爬行为纵向或横向爬行。游戏中的跳跃过程可以设计为双腿、单腿或单腿、双腿结合。需要注意的是，单腿跳跃对幼儿的力量能力和基本动作模式正确性提出了更高的要求。

6. 团队竞速、多任务游戏

多任务游戏集结了多种幼儿体育教学中的目标能力因素，包括了速度、敏捷、关节活动度、力量、爆发力和分析判断能力等。多任务游戏对幼儿综合身体能力提出了较高的要求，需要在专门的多维能力构建基础上进行设计和组织实施。多任务游戏也是综合检验教学目标达成效果的重要手段，尤其是具体的场景下应用基本动作模式和基本技能的能力，以及完成游戏过程中表现出的身体控制能力等。与单一任务和少任务游戏不同的是，多任务游戏更多具有检验、筛查和综合应用功能。因其多任务特征，较少具备强化动作与技能的功能。因此，团队竞速的多任务游戏更适合出现在大班幼儿的体育教学中。

幼儿教师在设计团队多任务游戏时，需要注意游戏不同任务的难度及其在游戏中出现的先后顺序。一般情况下，力量、爆发力要求较高的任务设置在游戏的初始阶段，以保证幼儿在体力较为充沛的条件下实现该任务的游戏功能，并降低出现安全问题的风险。

三　体育教学中身体能力发展与游戏设计的对应性原则

幼儿身体能力需要依据不同年龄的生理、心理特征及规律有针对性地进行发展和强化。游戏是幼儿身体能力发展和强化的载体，运动性质的游戏不是体育教学以外的独立体，更不是仅仅出现在体育教学中的一种简单形式。基于以上论点，游戏设计必须与幼儿体育教学目标高度统一。这意味着不同阶段的体育游戏设计必须充分考量此阶段的体育教学目标。

以平衡能力发展为例，小班（3—4岁）幼儿平衡能力的发展目标为：构建原地与垂直力冲击条件下的平衡能力。因此，在小班阶段的游戏设计中，融入的平衡因素都应该在非位移的条件下进行。游戏设计应最大程度地对应目标，以及目标下的身体能力发展现状。目前，中国幼儿体育教学没有明确的目标体系，这意味着当前幼儿的游戏设计与体育教学过程无法实现并轨，体育游戏未能高效地成为幼儿体质健康水平提升和身体能力发展的优质载体。

四　灵活性原则

幼儿体育游戏没有固定的模式，为了实现最优的游戏功能，并最大程度地达成体育教学目标，教师可以灵活、随机地改变游戏的各种变量。包括移动距离、变向角度、变向距离、变向次数、任务数量、跳跃高度、跳跃远度、平衡难度、单侧与双侧支撑、器材重量与体积，等等，教师在游戏设计时均可以对以上因素进行灵活调节。

五　情感与价值观原则

情感与价值观是体育游戏的自带属性。以往的体育游戏中过度地强调了情感与价值观功能，将自带属性视为设计开发属性，并过度地对这些属性进行渲染。在体育游戏中，团队、竞争、友谊、协作、胜负等都是体育游戏，尤其是功能性体育游戏自带的天然属性。教师需要做的是对不同游戏所突出的不同情感与价值观属性进行引导，通过语言提示、故事启发、提问等方式进一步提升游戏自带情感与价值观的效能。即便情感与价值观对于幼儿生活、运动、学习都具有重要价值，但仍属于拓展性的附属功能范畴。情感与价值观功能在其他幼儿教学课程中均可以实现，而幼儿体育教学课程的核心功能——提升体质健康水平及发展多维身体能力，其他课程均无法实现。

Campos 等人研究认为，粗大动作练习对个体将来的认知、社会—情感发展都有积极的影响。认为早期的粗大动作为个体未来的发展提供了支架作用，如果在早期对儿童的移动动作能力进行干预，将会对后期的心理发展产生影响[①]。以上研究论证了游戏中敏捷因素（具有粗大动作和快速位移特征）的情感发展功能。幼儿教师需要思考的是，用更短的时间和更为有效的方式将体育游戏中自带的情感与价值观功能有效地进行植入，使幼儿变得更为积极、阳光、愿意协作、享受运动和乐于分享。从另一个视角看，幼儿教师在体育教学中轻功能重形式，本身就是一种严重错误的体育教学价值观。

六　竞争性与趣味性并进原则

有学者研究认为，幼儿体育游戏的设计应减少竞争性，增强趣味性，忽略甚至否定了竞争性对幼儿心理成长的巨大价值。趣味性符合幼儿年龄段的心理特征，能有效地调动幼儿参与体育游戏的积极性。但这种效能是短暂的，幼儿在接受义务教育前对体育游戏的兴趣和幼儿对体育的兴趣，对运动项目形成的志趣，与成年后形成的终身体育之间没有必然联系。游戏中的竞争性则会对幼儿发展，尤其是心理发展、社会适应发展起到举足轻重的作用。在竞争条件

---

① Campos, J. J., Anderson, D. I. et al, "Travel Broadens the Mind", *Infancy*, Vol. 1, No. 149, February 2000.

下，幼儿游戏参与的专注度会显著提升，团队意识增强，强度和运动表现也会发生变化。比拼与竞争中的输赢既是对幼儿游戏技能的考验，也是对幼儿的竞争意识、团队合作能力的培养[1]。竞技性体育游戏相对于趣味性体育游戏，更好地强调了在规则范围内追求胜利的价值观，这是幼儿阶段需要通过体育教育构建的重要思维意识。趣味性游戏虽然也有游戏规则，但是竞技性涉及胜负，规则的重要性显著提升。如果不强调游戏的竞争性，游戏规则在游戏中的价值就不能体现[2]。

另外，竞技性游戏并不意味着趣味性的缺失。有学者指出，体育游戏的竞争性是保证游戏趣味性的一个很重要的因素，两者并不矛盾[3]。因此，幼儿教师的体育游戏设计需要在功能性基础上融入竞技性，依托竞技性实现趣味性，而不是以成人视角揣测幼儿的兴趣点。以兴趣为逻辑起点设计的游戏，具有功能性丧失和趣味性短效的特点。幼儿教师有必要依托"功能性"，快速、持续地更新游戏设计思维。

第四节 幼儿功能性游戏的设计因子

一 幼儿功能性游戏因子的多级逻辑构架

因子的基本含义为"元素、因素、成分"。在幼儿功能性体育游戏设计中，处于怎样的目的，需要怎样的功能，进而递进至选择使用怎样的动作，以上即为游戏设计的因子，也可以理解为游戏的元素或动作组成成分，如图5-3所示。思考设计幼儿功能性游戏的出

---

[1] 赵丽丽：《在户外游戏中培养大班幼儿耐力的策略和方法》，《中国校外教育》2019年第32期。

[2] 王利国、程传银等：《规则与竞争：学校体育游戏范式研究》，《体育科学》2016年第11期。

[3] 金梅、陈适晖等：《残疾儿童体育游戏的设计与教学》，《武汉体育学院学报》2006年第4期。

发点必然不是趣味，而是功能，但这并不意味着功能性游戏没有趣味性，它的趣味性等同，甚至高于传统的基于趣味性设计的幼儿体育游戏。

```
                    游戏
                    设计
              ────────────────
              方法与功能体系下的
               动作与手段库
           ──────────────────────
           实现子目标的方法与功能
       ──────────────────────────────
       宏观目标下的子目标——体态的评估与干预、平衡能力
       发展、灵活性发展、核心稳定性构建、速度能力发展、
       爆发力与肌力发展、供能系统发展、敏捷能力发展等
   ──────────────────────────────────────
   幼儿体育教学的宏观目标——提升体质健康水平、提升身体素质机能
   水平、构建合理的基本动作并掌握基本技能
```

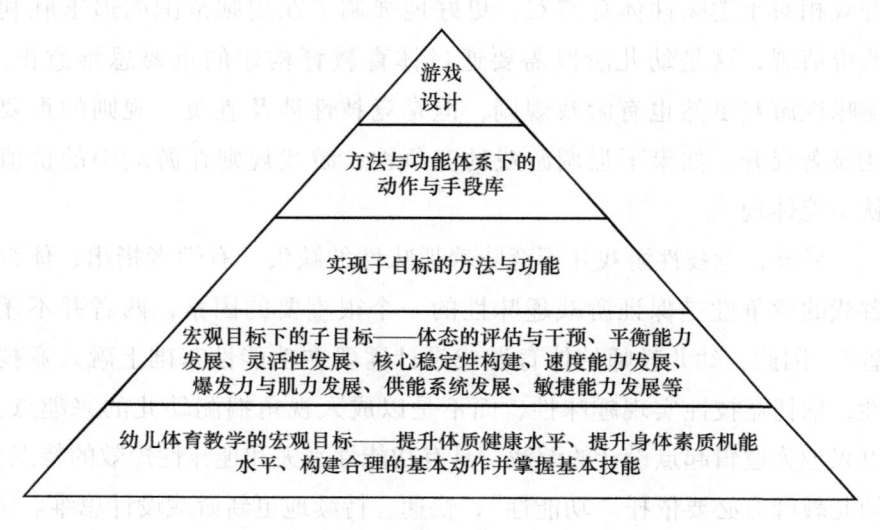

图 5-3　幼儿功能性游戏的多级因子逻辑构架

　　了解游戏设计因子的形成（动作库），必须认识动作库的所有动作，以及手段的来源。将因子的形成分为四个等级，当幼儿教师理解了四个等级的内在联系，教师即可高效地参考因子或自行研创新的因子，在不断提升游戏功能性的基础上丰富游戏内容。一级因子是所有游戏设计的基础，一级因子主导着幼儿体育教学的所有行为。可以将一级因子视为幼儿体育教学的总目标，游戏的设计不能超脱总目标框架，应将其视为助力实现目标的重要途径。在本教学体系的构建中，幼儿体育教育活动的总体目标为提升体质健康水平、提升身体素质机能水平、构建合理的基本动作并掌握基本技能。二级因子是为了实现一级因子目标而构建的子目标。围绕一级因子的三大主体目标，二级因子的子目标为主体目标实现指明了方向，实现

总目标需要围绕体态的评估与干预、平衡能力发展、灵活性发展、核心稳定性构建、速度能力发展、爆发力与肌力发展、供能系统发展、敏捷能力发展等因子进行课程与游戏的设计。三级因子为实现二级因子目标的方法与功能。四级因子为三级因子基础上的具体动作与手段库。最终，幼儿教师根据阶段教学目标，从功能性游戏设计因子库中提取动作，编配以不同的形式，结合教师控制的相关变量调节，最终形成完整的功能性游戏。通过以上围绕总体教学目标的，有逻辑的多级因子框架构建，教师的所有游戏设计将能够精准地服务体育教学目标。

依据多级因子框架进行游戏设计的理念为教师自身认知水平和操作能力的提升构建了平台。教师从理解—应用的模仿阶段至研创—应用和改进—应用的主动思维阶段，在逻辑框架内不断总结、检验和丰富因子，搭建了目标与游戏之间的桥梁。在实践中能够激发幼儿教师主动探索学习运动生理学、运动解剖学、运动生物力学等学科知识的意愿，这是游戏因子的研创与高效能应用的基础。

二 幼儿功能性游戏因子的多级逻辑构架应用案例——幼儿平衡能力发展

平衡能力是幼儿阶段需要发展的核心能力之一，对基本动作模式的构建、运动表现的提升，以及运动损伤的预防都具有重要意义。在幼儿体育教学中，于游戏中植入平衡因子，增加了游戏的挑战性、趣味性和功能性，是游戏服务教学目标的典型。教师可以依据图5-4的示例进行游戏设计，也可以根据三级因子中的具体平衡能力需要，进一步丰富四级因子，还可通过多个四级因子的组合，以及串联方式的变化丰富平衡强化功能性游戏的种类，不断强化幼儿参与功能性游戏的动机，实现功能性基础上更高的趣味性。

在图5-4所示的平衡能力发展因子中，将幼儿阶段需要发展的

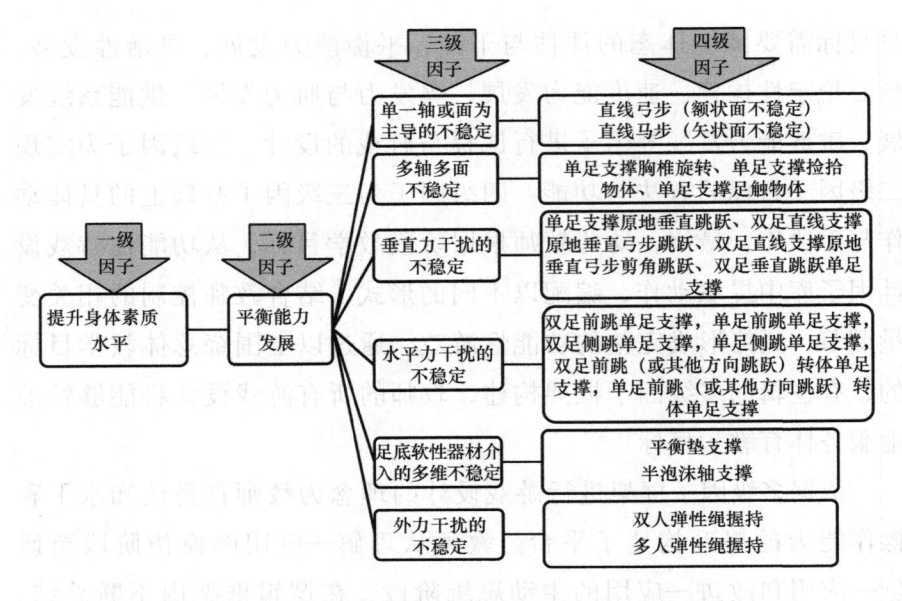

图 5-4 平衡能力发展目标下的四级因子逻辑构架

一级因子	二级因子	三级因子	四级因子
提升身体素质水平	平衡能力发展	单一轴或面为主导的不稳定	直线弓步（额状面不稳定）直线马步（矢状面不稳定）
		多轴多面不稳定	单足支撑胸椎旋转、单足支撑捡拾物体、单足支撑足触物体
		垂直力干扰的不稳定	单足支撑原地垂直跳跃、双足直线支撑原地垂直弓步跳跃、双足直线支撑原地垂直弓步剪角跳跃、双足垂直跳跃单足支撑
		水平力干扰的不稳定	双足前跳单足支撑，单足前跳单足支撑，双足侧跳单足支撑，单足侧跳单足支撑，双足前跳（或其他方向跳跃）转体单足支撑，单足前跳（或其他方向跳跃）转体单足支撑
		足底软性器材介入的多维不稳定	平衡垫支撑 半泡沫轴支撑
		外力干扰的不稳定	双人弹性绳握持 多人弹性绳握持

基础平衡能力在三级因子中做了相关分类，以分类中水平力干扰的不稳定为例，不同方向的水平跳跃在幼儿落地支撑阶段，水平方向的力将会对幼儿身体平衡形成冲击，这个四级因子应用于游戏设计中，能够帮助幼儿整合、提升平衡能力。在实践应用场景中，教师需要通过任务的增加、变化更为高效地实现游戏功能。在对抗水平力冲击的稳定因子游戏中，如果采用竞速模式，支撑阶段的控制过程，即提升平衡能力的关键过程会被弱化。因此，教师需要在每一个落地点设置新的任务。例如，要求幼儿在每个落地点单足支撑地面，并收集落地点周围的道具（小花、玩偶、网球等），放在手持的袋子内。因新的任务设置，幼儿被动延长了支撑地面的时间，且需要在单足支撑的条件下完成动作，使平衡的功能性得到进一步的强化。教师应通过游戏任务的增加对幼儿动作进行控制，以实现功能性，而不是通过语言或动作要求进行控制，幼儿在游戏中难以执行相关要求，其控制效能会大幅降低。

第五节　幼儿功能性游戏组织的若干要素

2018年《中共中央　国务院关于学前教育深化改革规范发展的若干意见》中指出，珍视幼儿游戏活动的独特价值，保护幼儿的好奇心和学习兴趣。幼儿游戏活动价值的发挥与发展必须建立在科学合理的组织形式基础上。任何游戏都需要幼儿教师在一定的组织形式下开展。

如何根据阶段体育教学目标和学习成果，以及具体的游戏因子，选择更高效的组织形式是实现游戏活动独特价值的核心。

目前，相关理论研究中鲜有提及幼儿体育游戏的组织形式。对游戏组织形式进行归纳、分类及对其应用效能进行深入分析，结合幼儿功能性游戏因子多级逻辑构架中的动作、手段库，幼儿教师便可在目标体系下，通过合理的组织过程高效实施功能性游戏。

一　单人功能性游戏的组织形式应用

单人游戏是"各自为战"的游戏，适用于两种场景。其一，为幼儿对四级因子动作熟练度不足的学习初期，在体育教学中需要融入一定的趣味性，以体育游戏的方式代替体育练习。在巩固基本动作模式正确性方面，单人游戏的设置有其固有优势。其二，需要高度专注的练习动作和需要思考的练习动作也适合以单人游戏的形式开展。多人游戏和团队游戏中，幼儿的注意会被队友、对手及其他游戏参与者的声音、语言、动作干扰，对自身动作的专注时间和专注程度会被削弱，影响游戏功能性效能的发挥，不利于通过游戏改进和强化基本动作与基本技能。

二　以个体为单位的多人游戏与团队游戏组织形式应用

谁拿得多、谁站得久（平衡干扰条件下）、谁投得准等竞技类游戏适合以个人为单位集体开展。与单人功能性游戏不同的是，此时幼儿竞争对手不再是自己。平衡能力发展的相关游戏非常适合采用以个体为单位的多人竞技形式。可以将同班幼儿分为5—7组，每组幼儿面对面成圆形站立，横向间设置并保持安全距离。每组为一个竞技单位，在教师口令下，幼儿开始平衡挑战，每组时间最久的幼儿可获得一定的小奖励。

团队游戏的特点是所有幼儿都能短时间融入游戏角色，竞技色彩更为浓厚，在游戏过程中幼儿有较好的沉浸式体验，但动作专注程度不高，部分游戏是在追求快、准的情况下完成的，能更好地体现游戏的拓展功能，在情感和价值观塑造方面有明显的优势。幼儿在游戏中不会关注动作本身，而是将更多的注意力指向游戏的结果。因此，在幼儿已经较高水平地掌握基本动作模式和基本运动技能的基础上，团队游戏能够激发幼儿表现出更高的运动强度，在游戏过程中神经—肌肉系统兴奋性更高，可以表现出更快的速度、更为敏捷的方向变换，以及更大的关节活动度，这些因素都是积极的，但是需要在正确的动作条件下完成。在团队游戏中，教师需要使用技巧，最大化发挥游戏的情感与价值观功能。

三　游戏组织中的分析、判断因素

在游戏设计中，融入一定的计算、分析、判断，有助于形成身体能力与认知能力的交互作用。教师可以在游戏中设置选择（既定目标下的形状、颜色选择）、判断（根据教师临时的手势、声音信号进行方向选择）、计算（在游戏中融入适宜幼儿年龄的计算过程）、分析（创造需要分析的游戏场景），以上因素的融入构建了发展幼儿身体能力与认知能力的平台。但并非所有游戏的设计都需要这些元素的融入。功能性游戏的主要特征体现在幼儿游戏过程的多维身体发展功能中。在追求拓展功能时，切记不可求多求全。在教学示范课和教学比赛时，盲目追求课程新颖化和过多的拓展功能是最常见的误区。教师可以将分析与判断融入游戏，增加其趣味性和挑战性，但中国幼儿体质健康水平现状决定了分析与判断因素目前只能作为体育游戏的"附属品"。幼儿教师必须清晰地认识到，幼儿体育教学需要解决的核心问题是"身体"的问题。

四　游戏组织中的分组调整与胜负控制

体育游戏普遍涉及挑战、竞争。有挑战必然有成败，有竞争自然有胜负。在组织体育游戏过程中，教师需要具备"控制胜负"的能力。常胜与常负对幼儿而言都会产生负面的心理影响，胜负均衡既增加了游戏的不确定性，也能更为高效地输出竞技的育人价值。更为重要的是，避免了幼儿的盲目自信或自我怀疑。分组调整需要教师在幼儿游戏中观察运动表现出色的幼儿，并将这些幼儿作为"控制游戏结果"的变量，游戏中表现欠佳的幼儿也可作为变量进行调节。另一种调节方式是强队加难法与弱队减难法，以游戏团队间的差距为依据，设置不同的胜负尺度，如完成任务的目标时间、距离变化，添加或减少任务数量，提高或降低部分任务难度，团队人员数量调整等，都可作为教师的胜负控制变量。国内外多项研究表明，幼少儿阶段的位移技能不存在显著的性别差异，因此，没有必要在敏捷性、速度性游戏中过度考虑性别因素[1]。

教师不必确保每次课程的游戏中每名幼儿的胜负均衡，但是需要确保在一个较长的阶段内，例如月度，幼儿胜负在最大程度上达到均衡状态。教师需要在竞争胜负结果产生时，向幼儿宣讲、传达正确的胜负观，并将正确的观念引导至幼儿的生活与学习中。

---

[1] Foulkes J. D., knowles Z., et al., "Fundamental Movement Skills of Preschool Children in Northwest England", *Percept Mot Skills*, Vol. 1, June 2015；李静、刁玉翠等：《3—5 岁幼儿基本动作技能与体能的关系研究》，《中国体育科技》2019 年第 6 期。

五 游戏组织中的教师角色

教师是游戏的设计者、组织实施者,也是游戏过程中的指挥者,必要时教师也应是游戏的重要参与者。教师可以以变量调节身份参与游戏,是均衡胜负的一种游戏控制措施。同时,教师参与游戏,与幼儿快速融入同一情景,完成同一任务,有助于快速建立师生感情,以及幼儿对教师的信任感,快速拉近幼儿与教师之间的距离。因幼儿园普遍不具备设置专职体育教师的条件,幼儿教师承担着多种课程的教学任务,在功能性体育游戏中建立的信任感和更为亲密的感情是教师开展其他教学活动的助推剂。教师直接参与的游戏方式尤其适合刚进入幼儿园的小班体育教学,能快速打破幼儿与教师、幼儿与幼儿、幼儿与环境的陌生感,增加彼此的了解,降低幼儿对园内学习生活的焦虑感和恐惧感。

第六节 功能性体育游戏的教学文件

一 功能性体育游戏教学文件的独立性

功能性游戏可以载入幼儿教师体育教学教案中,因为体育游戏本身就是教学的组成部分。如幼儿园或教师有意愿创立功能性更强、综合效能更显著的体育游戏体系,即彰显单位或个人的体育教学特色,体育游戏需要从体育教学体系中单独提取出来,构建一个体育游戏设计研创、组织实施、效果评价、反馈反思等因素相对独立的系统工程,如图 5-5 所示。因其内容多而复杂,应体现在独立的教学文件中。

这个被提取的独立系统首先应体现在教学文件上,教师应有专门的体育游戏教学文件,文件中包括但不局限于体育游戏的功能目标、设计因子、设计逻辑、运动生物学原理、组织实施过程、安全

第五章　幼儿功能性游戏的开发、设计与应用

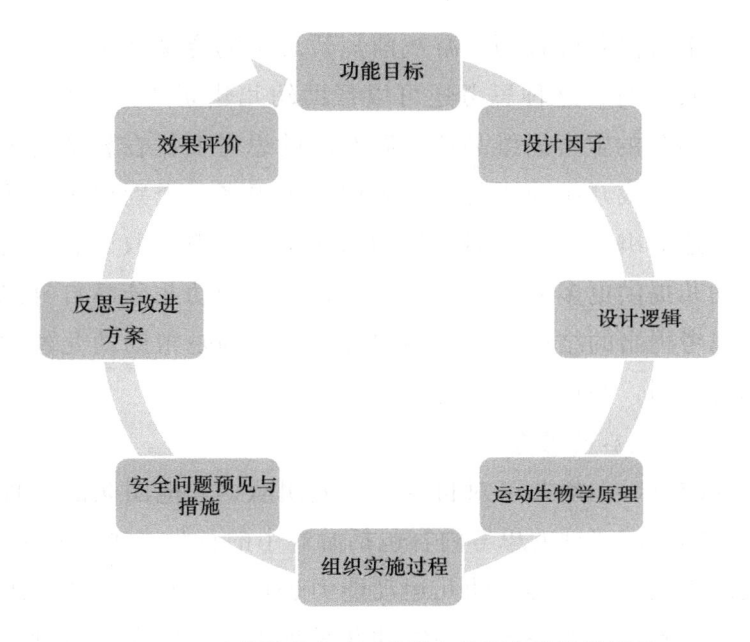

图 5-5　功能性游戏独立教学文件要素的逻辑闭环

（功能目标 → 设计因子 → 设计逻辑 → 运动生物学原理 → 组织实施过程 → 安全问题预见与措施 → 反思与改进方案 → 效果评价）

问题预见与措施、反思与改进方案、效果评价等。

独立教学文件的形成，为幼儿教师或单位，以及区域性组织（教育体育局、教育科学研究院、体育与教育行业协会等）进行的专题研讨、会议，以及教师个人及其团队归纳总结、形成教学成果提供了重要素材，同时有助于教师个人认知与实践操作能力的提升。

二　引导游戏前或游戏后的思考

（一）游戏前的思考

游戏思考与游戏的认知、情感和价值观关系密切，是快速、有效实现游戏拓展功能的途径。组织幼儿进行游戏前思考的时间需要进行严格的控制，否则会影响游戏活动的密度及连贯性，违背了功能性游戏为体育教学目标服务的设计初衷和基本原则。游戏前的思考主要围绕如何获胜、获胜的核心要点是什么，即游戏中在符合规

则的条件下有何获胜技巧。游戏前短暂思考的意义和价值不仅局限于后续游戏本身，这种思考还可以帮助幼儿建立"知行合一""先思考再行动"的宝贵思维品质。游戏前的思考安排在教师讲解完游戏规则后、游戏开始前进行。可采用集体思考、个别代表表述或团队代表表述的组织形式开展，鼓励幼儿主动思考并敢于表述自身观点，为幼儿提供更多表达思想的机会，并鼓励幼儿分享自身思想和观点。思考得出的结论没有对错之分，重要的是帮助幼儿建立行为前的思考习惯，并在思考中获得思维锻炼。

（二）游戏后的思考

游戏结束后，幼儿可对自身、个人团队、其他团队的表现进行思考和总结。游戏后的思考内容包括游戏中的行为表现、胜负因素、后续提高与改进因素等。幼儿运动能力表现差异较大，认知理解能力也存在差异，这些差异会导致幼儿呈现出不同的游戏表现。在游戏后的思考中，幼儿教师需要引导幼儿做积极性的思考，不能出现埋怨、嘲讽等不良情绪的表达。鼓励幼儿通过积极的团队协作，互帮互助，提升团队游戏表现。游戏后的思考能够帮助幼儿建立行为后的总结意识，体育的教育功能在此得到了体现，教师有必要在体育教学中，利用短时间引导幼儿达到相应教学效果。

第七节　幼儿功能性游戏案例详解

本节依据幼儿功能性游戏构思、设计、组织实施等具体过程，将各步骤进行详细解读，引领幼儿教师、学前教育领域工作者及相关领域研究人员通过本节内容，全面、深入地了解功能性体育游戏从构思到反思的全过程。本节是本章第一节至第五节知识点的应用性整合。

一 程序化设计的教师构思模式

（一）对全局教学目标的思考

幼儿体育教学的总体目标为一切幼儿体育教育活动的组织、开展指明了方向。所有的体育教育行为，包括体育游戏的设计都应以实现目标为基本导向。每一个幼儿教师都应该清晰地了解体育教学全局性目标所提出的依据和内涵。否则，所有体育教学行为都将变得盲目和无序。对全局性目标的思考，是教师设计体育游戏的开端，这个思考过程应该存在于所有的体育教育活动中，并在思考中逐渐加深对目标的理解。

帮助幼儿教师提高体育教学认知的广度与深度是体育教育体系构建的重要价值之一，只有在体系构建的框架内系统地、有逻辑地、有方向和针对性地学习、思考与实践，才有可能实现以上目标。在本幼儿体育教育体系的构建中，将改善、提升体质健康水平及强化身体素质与机能、构建基本动作与基本技能作为总体目标，是教师设计一切游戏的出发点；是否有助于以上目标的达成，达成的效果如何，是教师设计游戏和检验游戏有效性的核心要素。一切只追求形式的幼儿体育教学行为在本框架内都应该被摒弃。对全局教学目标内涵的深入理解，必须建立在对国际、国内幼儿体质健康现状，以及义务教育阶段体育教育现状充分了解的基础上。

（二）阶段教学目标的思考案例

幼儿在中班阶段，在速度能力发展的基础上，开始有计划地对其敏捷能力进行强化。游戏应该高度配备阶段性学习和身体能力强化的局部重点。因此，在该阶段的游戏设计与安排中，应该更多地纳入敏捷因素。敏捷能力的提升能够精准地对应全局性的体育教学目标。敏捷能力是幼儿未来多个专项运动学习的素质与技能基础。同时，敏捷又以基本动作模式的掌握为生物力学基础。敏捷能力的提升也需要一定的位移速度作为能力基础。前两个学期已经帮助幼儿初步构建了相对合理的基本动作，并在此基础上发展了速度能力。因此，在中班阶段进行以敏捷能力发展为子目标的体育教学是符合逻辑且能对应总体目标的。

以上案例提示教师，阶段性目标思考需要建立在总体目标框架内。阶段性目标的建立需要思考其逻辑与进阶过程是否合理，幼儿是否已经具备了实现目标的基础能力。

（三）基于运动生物学的阶段教学目标功能需求思考

对阶段教学目标有了清晰的认识后，需要分析实现目标所需的身体功能。这些身体功能是游戏构建的基础。例如，在游戏中植入敏捷因素需要的功能包括：相对合理的加速生物力学，一定的爆发力基础，相对合理的减速生物力学，离心力量能力，根据提示或要求对路线、方向的分析判断能力，以及制动导致的速度变化时，多个关节的稳定性等。设计的游戏功能要尽可能满足以上能力发展的需要，如图5-6所示。

运动生物学分析能够帮助幼儿教师"拆解"游戏功能。游戏设计的内涵、精细化程度取决于对游戏运动生物学的解释。幼儿在运动生物学体系内到底得到了怎样的提高，必须分析透彻。不同游戏的设计会产生不同的生物适应，生物学层面的适应与优化是幼儿各方面身体能力提升的底层逻辑起点。提升游戏设计的质量与功能性，有效地帮助幼儿通过体育游戏提升体质健康水平和运动能力，必须基于运动生物学进行设计和检验。否则，幼儿体育游戏的设计难以具备功能性。以上阐述给予幼儿教师的提示是，不仅仅是功能性游戏的设计，任何指导幼儿身体活动的体育教育行为都需要以运动生物学基础知识为基本依据。在学前教育专业的学习中，对运动生物学知识的学习不足以支撑从教后体育教学实践的科学性和有效性。因此，幼儿教师需要边学习边实践，但并不建议幼儿教师直接学习

第五章 幼儿功能性游戏的开发、设计与应用

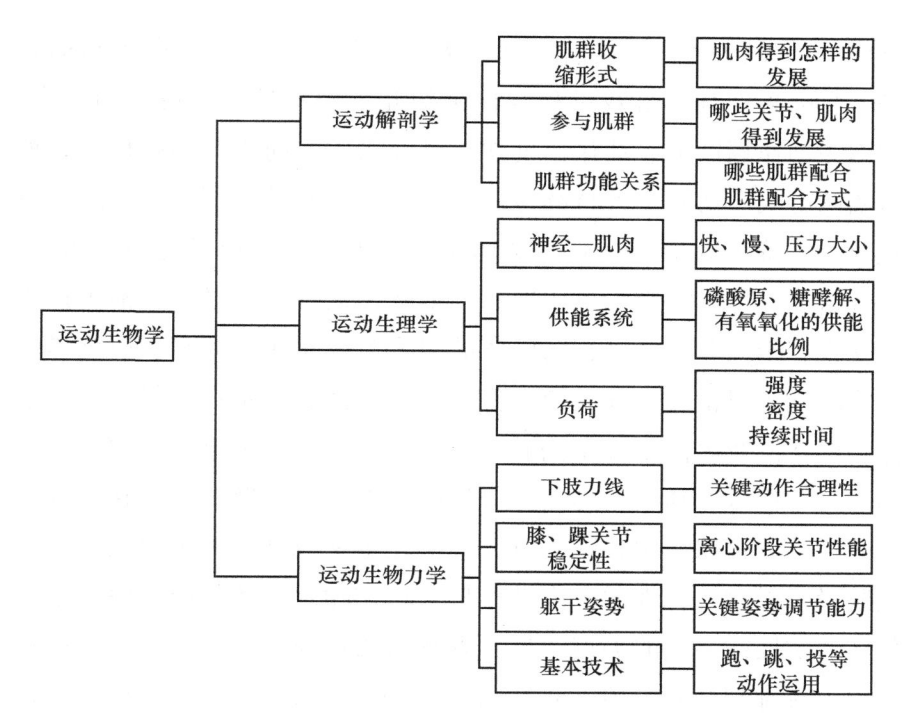

```
                          ┌─ 肌群收缩形式 ──── 肌肉得到怎样的发展
              ┌─ 运动解剖学 ─┼─ 参与肌群 ────── 哪些关节、肌肉得到发展
              │           └─ 肌群功能关系 ──── 哪些肌群配合、肌群配合方式
              │
              │           ┌─ 神经—肌肉 ───── 快、慢、压力大小
运动生物学 ──┼─ 运动生理学 ─┼─ 供能系统 ────── 磷酸原、糖酵解、有氧氧化的供能比例
              │           └─ 负荷 ────────── 强度、密度、持续时间
              │
              │            ┌─ 下肢力线 ────── 关键动作合理性
              └─ 运动生物力学┼─ 膝、踝关节稳定性 ── 离心阶段关节性能
                           ├─ 躯干姿势 ────── 关键姿势调节能力
                           └─ 基本技术 ────── 跑、跳、投等动作运用
```

图 5-6 基于体育教学目标的敏捷功能性游戏设计运动生物学思维要素

当前流行的关于"如何做游戏""如何组织教学"等的文章、视频，应该以基础知识为开端，只有夯实基础，了解底层逻辑，才具备分析力和创造力。

以幼儿敏捷能力提升的功能性游戏设计为例，其运动生物学考量因素包括以下几个方面：①肌肉收缩形式应为下肢主导的快速向心、离心收缩，这个分析结果可以提示教师在敏捷发展中应该怎样安排练习，提取哪些动作模式能够实现目标。②髋关节屈伸、膝关节屈伸肌群在游戏中应该得到更为有效的刺激和发展。③肌群配合方式为躯干的稳定性配合下肢髋、膝关节的大幅度运动，以及速度在短时间内急剧变化形成的稳定性冲击。这意味着幼儿需要有核心稳定力量基础，这个重要能力被纳入到幼儿身体能力发展目标中，

且应该在设计此类游戏前得到发展。④游戏要求幼儿有较高的神经—肌肉兴奋性，游戏过程会促进幼儿神经—肌肉兴奋性的提高。⑤因为动作幅度大、动作速度快、肌肉离心和向心收缩强度高，所以团队游戏中幼儿个人持续运动的时间需要有效控制，教师编排游戏时个人持续运动一般不超过10秒，游戏以磷酸原供能系统为主。游戏密度设计以不影响下一次参与的运动表现为基准，教师可以重点观察若干幼儿，如果相同任务的完成时间有明显差异，应该考虑适当降低练习密度。⑥关键动作的合理性涉及基本动作模式。在敏捷功能性游戏中需要大量的膝关节屈伸运动，膝关节结构复杂，从功能与结构看，其发生疼痛、损伤的概率远大于髋关节。在义务教育阶段的体育课程中，膝关节疼痛的发生率较其他关节更高，与幼儿阶段未能建立合理的基本动作模式密切相关。教师应将膝关节动作视为敏捷性游戏的关键动作，观察幼儿在膝关节屈曲与伸展的过程中力线排列是否合理，检验之前体育教学中基本动作模式学习、掌握的情况。⑦跑、跳、投等基本技术在游戏中的运用。基本动作与基本技术是构成幼儿体育教学目标体系的关键因素，直接关系到义务教育阶段的体育学习能力与效果，是专项运动技能学习的框架性基础，在义务教育阶段的体育教学中，不存在运动技能学习框架的构建，如在幼儿阶段没有良好的技能学习基础构建过程，将会导致"16年不能掌握一门专项运动技能"的尴尬结果。

从以上视角看，游戏设计既应该考虑当下的教学目标，也应该考虑之前教学目标的达成度。在敏捷练习中，幼儿有两个环节会出现膝关节更大幅度的动作，一个是起跑加速的前几步，另一个是变换方向前的减速过程，需要教师站在幼儿行进方向的正前方，面对幼儿进行观察，膝关节力线排列的主要问题发生在额状面，观察的时机（哪些环节）和观察的位置是两个关键因素。从严谨地防止显性和隐性安全问题视角看，如果幼儿在运动中经常出现较为严重的膝关节内弯情况，是不能从事高强度跑、急停和跳跃练习的。

在游戏的设计中对基本技术进行一定形式的整合，是检验基本技术教学有效性的重要手段。其中跑、跳跃和投掷是基本技术的核心。在敏捷发展功能性游戏中，跑是核心目标，当核心目标达成后，教师可以将跳跃与跑进行一定形式的组合。需要教师注意的是，敏捷性跳跃融入游戏后，幼儿支撑阶段关节压力将显著增加。因此，变换方向的跳跃练习必须在直线跳跃能力的基础上发展。单脚跳跃需要的能力远大于双脚跳跃，单脚跳跃叠加方向的变化会使游戏难度进一步增加，教师可以通过距离与角度等变量的调节降低难度。

（四）基于功能性的游戏因子选择

在确立了幼儿游戏的功能属性后，教师即可从四级因子中提取游戏的具体动作。随着教师游戏设计经验的不断丰富，四级因子的动作数量将不断增加，教师的选择面也将不断拓展。教师在长期的实践总结中，不仅可以增加动作数量，也可以剔除部分可行性、效能不高的动作。在时间维度内，动作效能的高低是相对的，当前高效的动作因子，随着教师运动生物学应用能力及实践操作能力的提升，以及新的动作因子被设计、应用和改进，之前的因子效能逐渐变得相对低效。

在以敏捷性发展为目标的游戏设计中，必然包含了起动加速跑、快速跑和方向变化。其中快速跑可以正对运动方向，也可以侧对运动方向。但是，针对幼儿不能选择背对运动方向移动的形式，这将显著增加游戏中的危险系数。如果教师想专门地强化幼儿横向快速移动和变换方向的能力，也可以采用单一模式的游戏设计。教师从因子库提取动作时需要注意，要高度切合教学目标，想实现功能与目标的高度契合，教师必须能够解释游戏对幼儿身体所产生的影响。这样，目标一致且功能统一的游戏可以以千变万化的形式出现，使幼儿始终保持对游戏的新鲜感。

（五）因子的组合与串联

为了实现游戏的复合性功能价值，以及更高的可玩性，并不建议提取单个因子进行游戏设计。这需要教师有技巧地将多个因子进行合理的组合与串联。例如，在敏捷发展游戏中，可以将双脚变向跳跃、单脚变向跳跃、加速跑、急停与再加速进行串联。以上几个因子串联时需要把握的技巧和原则是，加速跑不能与跳跃串联，加速跑会使幼儿身体位移速度短时间大幅提升，在高速位移中进行双脚跳跃容易导致幼儿质心前旋，出现危险；加速跑与单足跳跃进行串联也存在安全隐患，因水平速度冲击，显著增加了跳跃时的地面反作用力。因此，在以上若干因子串联时，教师可以在跑动折返减速后，融入跳跃敏捷因素，去程采用加速跑与跑的敏捷（方向变化）串联，回程在转折点将位移速度归零时，进行跳跃练习。如果回程设计双足跳跃与单足跳跃，教师需要注意，单足跳跃的距离设置（采用标志物或画圈规定每次跳跃的落地点）较双足跳跃更近。同时，单足跳跃需要通过多种变量调节，对风险进行有效控制。

（六）组织形式的确定

1. 接力形式

接力形式是将班级幼儿分为若干团队，以竞赛的形式开展的游戏活动。其优势是幼儿参与的积极性被充分调动，但密度相对较低。建议将每名幼儿完成任务时间设置为8—10秒，每团队不超8人。以每队8人，每人8—10秒完成任务计算，团队完成游戏时间小于90秒。仅仅8—10秒的时间，幼儿不会得到生物学适应，意味着游戏需要多个8—10秒才能实现功能性。因此，在接力形式的游戏组织中，需要教师缩短游戏休息时间，增加幼儿参与密度。当幼儿进一步熟悉规则后，教师可增加组数，减少每组人数，进一步缩短间歇时间。

2. 小组赛形式

小组赛形式是先分组竞赛选出每组前二至四名,并代表本小组参加决赛的游戏组织形式。其优势是强调了竞技性,代表小组参与竞技的幼儿有机会体验更为强烈的集体荣誉感、责任感。其缺点是降低了游戏的平均密度,游戏时间和所有幼儿参与运动的时间比例被改变。

3. 情景模拟游戏形式

幼儿在游戏过程中会接触相应的客观事物,当幼儿在游戏情境中不断被客观事物刺激时,就会产生相应的感觉、知觉、记忆、思维、想象等各种心理现象,通过进一步接触客观现实和深入反映客观现实,充分利用积累起来的知识经验,幼儿将学会控制和调节自己的行为,包括运动中的动作①。情境游戏中,幼儿能够体验到更强烈的沉浸感,提升了客观事物(情境游戏中幼儿接触的道具、角色等)对大脑刺激的强度,这是情景模拟类游戏的重要特征。幼儿教师可以利用这些特征针对性地促进幼儿大脑与心理发展。

设置幼儿感兴趣的情境,必须符合时代特征。在国内的不少示范课中发现,教师采用幼儿感兴趣的动画角色进行情境导入,未能考虑时代特征,"葫芦娃""阿凡提""黑猫警长"等均为20世纪的经典卡通人物,当前幼儿鲜有了解。幼儿教师有必要了解当前幼儿感兴趣的卡通人物,并根据卡通人物的正面形象和特点进行游戏情境的导入。

在设置情境时,需要注意男、女性别的差异,可以设置男生与女生以不同的人物角色在相同的游戏情境中共同完成任务。情境游戏中,幼儿角色、身份的变化有利于教师开展游戏拓展功能教育。如果游戏中需要类似大灰狼的"负面角色",不建议由幼儿扮演,这时教师应该承担类似角色。情境类游戏运动强度和密度较低,可以

---

① 田学岭:《基于脑的幼儿创造潜能开发训练实验研究》,《学前教育研究》2006年第2期。

作为体育教学的"调味剂",不建议作为常规体育游戏使用。其针对体育教学目标的功能性远低于竞技类体育游戏。

4. 共同挑战形式

教师根据幼儿身体能力进行团队划分,不同团队的任务难度不同。各团队在共同挑战,且挑战的任务目标一致的基础上,教师通过难度变量的调整对不同团队任务难度加以区分。其优势为,优化了游戏时间与个体参与运动时间比,幼儿有更高的参与时间和参与密度。在团队协作意识、集体荣誉感等价值观功能层面,其效能低于分组竞技游戏。

(七) 全视角的安全审视与措施

很多安全问题的预见都基于运动生物学考量。例如,关节压力、关节力线、合理的基本动作等。错误的动作、不合理的因子串联很少被纳入安全问题的观察范畴。运动生物学的学习完全有必要更高权重地设置于学前教育专业中,对幼儿教师高质量开展体育教学活动的全过程和利用已有知识进行新知识的拓展有着巨大的价值。在幼儿体育游戏设计的安全问题分析中,普遍进行的是显性安全问题分析,包括跌倒、碰撞、活动场地内或周边的尖锐物体等。显性安全问题的发现需要的是经验和观察力,隐性安全问题的预见需要的则是运动生物学基础知识和分析力。在敏捷练习中,用怎样的设计与因子串联实现高效、安全的游戏过程,需要教师将游戏与运动生物力学、运动解剖学和生理学进行融合思考,尤其是运动生物力学和运动解剖学。

二 实施过程的思维与行为

(一) 四个核心要点的观察与记录

1. 难度适宜度

难度的适宜程度是教师需要在游戏过程中认真观察和记录的重

要因素之一。难度过高，幼儿普遍无法完成，导致其自信心和效能感下降，同时提高了风险系数。难度过低，幼儿挑战欲降低，在游戏中积极性和强度难以被充分调动和表现，不利于游戏功能的实现。相同年龄幼儿身体能力、思维与理解能力可能存在较大差异。幼儿教师需要进行兼顾，也可采用能力分层的方式，将能力较强的幼儿分为一组，设置难度更高的游戏过程，使各组任务完成时间接近。依托幼儿体育游戏培育优质课程，进行教学成果积累，以及有意愿深入研究或不断提升幼儿体育游戏设计水平的单位和幼儿教师个人，非常有必要进行难度的观察和记录，可以采用摄像机全程拍摄的方式进行记录，方便教师更为全面细致地观察，也可作为难度改进后游戏效果差异对比分析的重要资料。

在难度适宜度的观察中，不能按照教师的要求完成游戏的幼儿比例是设计过难的重要评判标准。例如，在敏捷游戏中，教师要求在游戏的部分阶段采用单脚变向跳跃的方式行进，但在游戏过程中，发现幼儿无法跳跃至教师预定的标志处，甚至无法完成单足支撑，表现为支撑阶段多次出现双足触地的情况，或支撑时间过长，无法连续完成跳跃，说明游戏的难度设置出现问题，需要及时调整。降低难度或直接更换四级因子都是教师可以进行难度调节的选择。

2. 兴趣与动机

利用更强的体验感和可玩性增加体育教学目标达成率是幼儿功能性游戏设计的关键。因此，在游戏具备了良好的功能性基础上，如何通过游戏设计，充分激发幼儿游戏中更好的体验感，强化幼儿参与游戏的动机是游戏设计的难点。通过幼儿参与游戏特定情境的观察，可以帮助教师评估幼儿游戏参与的兴趣与动机情况。

对每个幼儿个体在游戏中的投入程度，可以采用定性的方式进行观察与记录，包括全程关注游戏进度、最大努力完成游戏、为同伴加油呐喊、胜负后的情绪变化、角色的快速转变、对后续继续参与游戏的渴望等。通过以上因素的观察，教师可以对幼儿参与游戏的兴趣与动机进行相对客观的评估。

3. 整合过程对体育教学成果的检验

前已述及，体育游戏的设计依据的是幼儿体育教学的功能与目标。游戏的设计需要体现阶段性教学内容，通过游戏过程中幼儿的运动表现，可以反映出幼儿阶段性体育学习的成果。幼儿教师不仅需要利用游戏将阶段教学的多种功能因素进行整合，也需要在整合的过程中观察哪些学习目标达成度较低，并对相关教学过程进行反思。例如，在敏捷性游戏的设计中，包含了大量膝关节动作，可以帮助教师检验幼儿膝关节基本动作模式的正确性。依据数据和经验，在涉及下蹲基本动作模式教学的学情分析中，膝关节内弯可以被预判为幼儿下蹲的主要错误模式。因此，在教学中教师应帮助幼儿改善下蹲模式，并逐渐将正确的基本动作模式应用于基本技能中，如跑和跳跃等。在敏捷游戏中，涉及加速、减速和跳跃动作，这些动作对下蹲模式正确性提出了要求，教师需要在因子整合中去观察幼儿是否能够正确地应用基本动作模式，以检验体育教学的有效性。以上的检验过程仍然需要教师具备运动生物学基础知识。

4. 游戏组织中的运动效率（单位时间内每个幼儿的运动强度、密度及参与运动总时间）

游戏出现在幼儿体育教学示范课、教学比赛的概率极高。在以往的幼儿体育教学评价中，过多地关注了游戏"场面"，是否好玩，是否有激情，是否有活力等。结合教学目标和游戏功能进行评价的思维极度匮乏。游戏的设计与评价都应该由"表面评价"过渡至"内涵评价"。其中，游戏组织的运动效率是内涵评价的重要指标之一。游戏时间与个体运动时间比是评价游戏的重要指标。例如，游戏时间为15分钟，幼儿个体运动时间为3分钟，游戏时间与幼儿个体运动时间比为5∶1。教师设计游戏时应对该因素进行预判，并在游戏过程中以某个或多个幼儿为观察对象，对运动时间进行观察记录，并通过组织形式的变化，不断优化比例。在游戏设计中，使幼儿在合理的单位时间内表现出更高的运动密度和适宜的运动负荷，并通过具体运动方式的调节不断改进和优化，是高效实现游戏功能性的重要途径。

（二）教师进入游戏角色的语言与行为

教师的自我行为记录是后续游戏设计与组织改进的另一个重要依据。游戏过程中的指导、游戏规则的解读、游戏过程的控制、拓展功能的实施都属于教师进入游戏角色的行为表现。对以上行为的记录，有助于教师进行教学反思、互评等教研活动的开展。目前，主流教学行为研究普遍采用了记录语言与行为的方式，该方式可以为教师的体育游戏教学反馈、反思以及相关研究提供重要依据。

（三）教师的情感与价值观引导

体育游戏自带情感与价值观属性，但这种体育游戏拓展性功能的发挥需要教师专门地、有意识地进行引导。有必要对教师语言的设计、游戏中的引导过程进行记录。不同的游戏设计组织过程，其主导的正面情感与价值观也有所不同。在个人挑战类游戏中，情感与价值观更多地指向不畏困难、战胜恐惧、从成功或失败中总结经验。在团队协作竞技类游戏中，情感与价值观则主要指向了竞争与友谊、团队协作等意识的建立。教师需要根据游戏特征，在最短时间内，通过语言的引导，最大化地强化游戏的拓展功能。在记录过程中，时间效率是重要的评价指标，也可以理解为引导游戏拓展功能发挥的"性价比"，"性"即情感与价值观拓展的效果，"价"即实现这种拓展效果所用的时间。教师的情感与价值观引导时间被视为游戏时间。因此，当教师用更多的语言、更长的时间进行引导时，游戏时间与个体运动时间比会受到负面影响，不利于游戏核心功能的实现。